Jessica Saier

Traineeprogramme als Methode der Personalrekrutierung

AF143317

IGEL Verlag

Saier, Jessica

Traineeprogramme als Methode der Personalrekrutierung

1. Auflage 2008 | ISBN: 978-3-86815-061-2

© IGEL Verlag GmbH , 2008. Alle Rechte vorbehalten.

Die Deutsche Bibliothek verzeichnet diesen Titel in der Deutschen Nationalbibliografie. Bibliografische Daten sind unter http://dnb.ddb.de verfügbar.

IGEL Verlag

Inhaltsverzeichnis

Abbildungsverzeichnis

Tabellenverzeichnis

Abkürzungsverzeichnis

bzw.	beziehungsweise
ca.	circa
d.h.	das heißt
f.	folgende
ff.	fortfolgende
Hrsg.	Herausgeber
hrsg. V.	herausgegeben von
S.	Seite
sog.	sogenannter
usw.	und so weiter
Vgl.	vergleiche
z.B.	zum Beispiel

1. Einleitung

Die Personalarbeit wird durch wirtschaftliche Einflussfaktoren, wie die voranschreitende Globalisierung und die dadurch vorangetriebene Technologieentwicklung, vor stetig wachsende Herausforderungen gestellt.[1]

Der Innovationsdruck der auf den Betrieben lastet wird stetig, durch die Verkürzung der wirtschaftlichen Nutzungsdauer von technischen Verfahren, dem internationalen Wettbewerb und durch das rasche Wachstum von neuem Wissen, erhöht.[2]

Im gesellschaftlichen Umfeld wirken vornehmlich politische, und daneben kulturelle Veränderungen auf das Human Resources Management.[3]

Aufgrund dieser sich rasch wandelnden Umweltbedingungen, hängt die Wettbewerbs- und Innovationsfähigkeit sowie Beschäftigungssicherung eines Unternehmens maßgeblich von den Qualifikationen und Fähigkeiten der Mitarbeiter[4] ab.

Sozial- und Methodenkompetenz gewinnen an Rang, da die hohe Dynamik das Fachliche Wissen degradiert. Es bedarf der Entwicklung neuer Methoden und Konzepte zur Mitarbeiterbildung und -förderung.[5]

Die Situation spitzt sich noch durch die Tatsache zu, dass etliche Stellen für hoch qualifizierte Arbeitnehmer aktuell unbesetzt sind,

---

[1] Vgl. Oechsler, W.: Personal und Arbeit, Grundlagen des Human Resource Management und der Arbeitgeber-Arbeitnehmer-Beziehung, 8.Aufl., München, 2006, S. 98.

[2] Vgl. Arnold, A.: Ausbildungsprogramme und Trainee-Programme für Universitäts- und Fachhochschulabsolventen der Wirtschaftswissenschaften in Deutschland, Lizentiatsarbeit, Universität Bern, 1999, S. 7.

[3] Vgl. Oechsler, W.: Personal und Arbeit, Grundlagen des Human Resource Management und der Arbeitgeber-Arbeitnehmer-Beziehung, 8.Aufl., München, 2006, S. 40.

[4] Aus Vereinfachungsgründen wird nachstehend nur die männliche Form der Personenbezeichnung verwendet, darin ist selbstverständlich auch das weibliche Geschlecht enthalten.

[5] Vgl. Becker, M.: Personalentwicklung, Bildung, Förderung und Organisationsentwicklung in Theorie und Praxis, 3.Aufl., Stuttgart, 2002, S. 5.

was in den nächsten Jahren auch noch so bleiben und sich zunehmend verschärfen wird.[6]

Die Folgen sind ein Tauziehen um Talente durch alle Branchen hinweg und ein verschärfter Wettbewerb um High Potentials[7] weltweit. Zusammenfassend lässt sich sagen, dass ein strategisches Dilemma für die Unternehmen entstanden ist. Durch die Verkürzung der überschaubaren Zukunftszeiträume und durch den gleichzeitigen Anstieg der Dauer von Kapitalbindungen, müssen die Nachwuchskräfte der Zukunft Wegbereiter sein um diese kontroverse Lage zu bewältigen.

Aufgrund der eben darlegten steigenden Ansprüche an die Unternehmen sowie der prekären Lage auf dem Arbeitsmarkt wird es immer schwerer werden, geeignete und qualifizierte Mitarbeiter zu rekrutieren. Folglich muss das Hauptaugenmerk auf die Weiterentwicklung und Adaptierung bereits vorhandener beruflicher und persönlicher Qualifikationen gerichtet werden.[8]

Wie ausschlaggebend ein Traineeprogramm für die Sicherung der Wettbewerbsfähigkeit sein kann, wird aufgrund dieser kurzen Einführung augenscheinlich. Ebenso bietet ein Traineeprogramm den Hochschulabsolventen eine vielseitige und interessante Einstiegsvariante in das Berufsleben.[9]

Aus dieser sehr aktuellen Brisanz heraus und der weitläufigen Bedeutsamkeit für die Unternehmen, ist eine nähere Betrachtung dieses Themas interessant und auch sinnvoll.

Zum Ersten besteht die Zielsetzung dieser quantitativen empirischen Erhebung darin, eine aktuelle Bestandsaufnahme zur Situation von Traineeprogrammen in Deutschland zu ermitteln. Um mög-

---

6 Vgl. Kienbaum, J.: Anforderungen an die Leistungsträger von morgen. In: Von der betrieblichen Weiterbildung zur strategischen Personalentwicklung, hrsg. v. Frederic Fredersdorf, Düsseldorf, 2006, S. 260.

7 Unter High Potentials sind an dieser Stelle hoch begabte Hochschulabsolventen zu verstehen, die sich durch fachliche Qualifikationen, soziales Verhalten und Engagement auszeichnen.

8 Vgl. Manke, T.: Ade AC!/Personalauswahl. In: Managerseminare/ Das Weiterbildungsmagazin Heft 95, Bonn, 2006, S. 26 - 28.

9 Vgl. Arnold, A.: Ausbildungsprogramme und Trainee-Programme für Universitäts- und Fachhochschulabsolventen der Wirtschaftswissenschaften in Deutschland, Lizentiatsarbeit, Universität Bern, 1999, S. 9.

lichst viele Anbieter von diesen Programmen zu erfassen, erfolgt dies durch eine weitläufig angelegte Befragung.

Ferner soll ein Überblick zur Begriffsbestimmung, anhand aktueller Konzeptionen und den wesentlichen Merkmalen bei der Durchführung der Programme, geschaffen werden.

Zum Zweiten soll diese Untersuchung einen Abgleich schaffen mit den in der Literatur diskutierten Entwicklungen und Tendenzen, wie zum Beispiel:

- Eine tendenzielle Verkürzung der Programmdauer.
- Ein vielfältigeres Angebot von projektorientierten Programmtypen.
- Eine stärkere Individualisierung der Programme.
- Die zunehmende Verknüpfung mit Personalentwicklungsmaßnahmen anderer Berufsgruppen.
- Eine abnehmende Attraktivität von Traineeprogrammen gegenüber dem Direkteinstieg seitens der Absolventen und der Unternehmen.
- Eine stärkere Internationale Ausrichtung der Ausbildungsprogramme.

Untersucht werden hierbei Traineeprogramme für Hochschulabsolventen aller Studiengänge.

2. Grundlagen

2.1 Der Begriff Traineeprogramm

Diese unternehmensspezifischen Berufsstarter-Programme sind zumeist für Hochschulabsolventen konzipiert, die eine Führungsposition oder Fachkarrierelaufbahn anstreben. Ziel der Programme ist eine Vereinfachung des Übergangs vom überwiegend theoretischen Studium zur beruflichen Praxis sowie einen systematischen Überblick über das Unternehmen und den Einsatzmöglichkeiten zu erhalten.[10]

Zu den Merkmalen zählen:

- Durchlauf und Mitarbeit in mehreren Abteilungen / Unternehmensbereichen
- Teilnahme an Workshops, Projektarbeiten, Entwicklungsmaßnahmen usw.
- Dauer des Programms von ca. 6 bis 24 Monaten[11]
- Ein exklusiver Teilnehmerkreis
- Die planvoll organisierte und didaktische Strukturierung der Ausbildung[12]

Es existiert allerdings keine einheitliche Meinung zur richtigen zeitlichen Dauer eines Traineeprogramms. In der Praxis ist die Dauer von Betrieb zu Betrieb sehr unterschiedlich und wird teilweise auch individuell vereinbart. Zumeist hängt diese von der Spezialisierung oder Standardisierung des jeweiligen Programms ab. Ferner können die Vorkenntnisse der Trainees, die Interessenschwerpunkte und Leistungen der neuen Mitarbeiter den Zeithorizont der Qualifikationsmaßnahme beeinflussen.[13]

---

[10] Vgl. Thom, N. u.a.: Trainee-Programme nach dem Wirtschaftsstudium, Eine empirische Studie in Deutschland, Arbeitsbericht Nr.54, Bern, 2002, S. 2.

[11] Vgl. Mudra, P.: Personalentwicklung, Integrative Gestaltung betrieblicher Lern- und Veränderungsprozesse, München, 2004, S. 216.

[12] Vgl. Thom, N. u.a.: Trainee-Programme nach dem Wirtschaftsstudium, Eine empirische Studie in Deutschland, Arbeitsbericht Nr.54, Bern, 2002, S. 2.

[13] Vgl. Clever, G. u.a.: Mittelständer setzt Traineeprogramme ein, in: Personalwirtschaft – Magazin für Human Resources, Heft 5/2001, Köln, 2001, S. 42 – 48.

2.2 Grundtypen des Traineeprogramms

Zum Einen werden Traineeprogramme an die unternehmenseigenen Bedürfnisse angepasst, zum Anderen verfolgen Unternehmen unterschiedliche Zielsetzungen mit der Durchführung einer solchen Ausbildung von Hochschulabsolventen. Dies erklärt aus welchem Grund, je nach personal- und unternehmenspolitischen Zielen, unterschiedliche Programmtypen bei den Firmen anzutreffen sind.

Ein Traineeprogramm mit dem Ziel den Trainee methodisch auf eine Stelle vorzubereiten wird anders konzipiert, als wenn beabsichtigt wird einen Führungskräftepool mit hoher Verwendungsbreite zu schaffen.[14]

Die Grundkonzepte dieser Programme lassen sich in Bezug auf die Art, Verweildauer und die Anzahl der zu durchlaufenden Funktionsbereiche unterscheiden. Mittels dieser Unterscheidungsmerkmale lässt sich die Ausbildungstiefe bzw. –breite sowie der Umfang der Aufgabenverantwortung festlegen. Berufsbegleitende Weiterbildungsmaßnahmen, die sog. Off-the-job Trainings, sind allerdings Bestandteil aller Programmtypen.[15]

Trotz der Variantenvielfalt lassen sich im Allgemeinen drei Arten von Traineeprogrammen unterscheiden:

- Standardisiertes ressortübergreifendes Programm
- Standardisiertes ressortübergreifendes Programm mit einer Spezialisierungsphase
- Ressortbegrenztes Programm mit einer Spezialisierungsphase[16]

Beim standardisierten ressortübergreifenden Programm sind die Inhalte und Trainingsmaßnahmen, sowie das Durchlaufen bestimmter Abteilungen bzw. Bereiche für jeden Trainee gleich, unabhängig vom späteren Einsatzgebiet.

---

[14] Vgl. Ferring, K. u.a.: Trainee-Programme. In: Handbuch Personalmarketing, hrsg. v. Hans Strutz, 2.Aufl., Wiesbaden, 1993, S. 158 ff.

[15] Vgl. Arnold, A.: Ausbildungsprogramme und Trainee-Programme für Universitäts- und Fachhochschulabsolventen der Wirtschaftswissenschaften in Deutschland, Lizentiatsarbeit, Universität Bern, 1999, S. 29.

[16] Vgl. Becker, M.: Personalentwicklung, Bildung, Förderung und Organisationsentwicklung in Theorie und Praxis, 3. Aufl., Stuttgart, 2002, S. 298.

Eine Entscheidung in Bezug auf das spätere Aufgabengebiet eines Trainees wird erst während des Programms gefällt. Einerseits hat das ausbildende Unternehmen dadurch die Möglichkeit die Entscheidung über den Einsatz nach Ablauf des Programms flexibel zu treffen. Andererseits haben die Trainees die Chance ihre Fähigkeiten und Wünsche in Bezug auf ihre zukünftige Tätigkeit kennen zu lernen.[17]

Das standardisierte ressortübergreifende Programm mit einer Spezialisierungsphase zeichnet sich insofern aus, dass die Grundausbildung für alle Trainees identisch ist. Anschließend erfolgt eine Fachausbildungsphase in Abhängigkeit des späteren Einsatzgebietes.[18]

Der Vorteil dieses Grundkonzepts besteht darin, dass der Trainee während dieser intensiveren Fachausbildungsphase bereits Aufgabenverantwortung übernehmen kann. Der Trainee wird so gezielter und langsamer auf die künftige Tätigkeit vorbereitet.

Der Programmtyp eines ressortbegrenzten Programms mit einer Spezialisierungsphase

verlangt von einem Trainee eine klare Zielvorstellung über seine zukünftige berufliche Tätigkeit. Denn hier bleibt der Aufgabenbereich, im Gegensatz zu den beiden zuvor genannten Grundtypen, auf ein Ressort begrenzt. Jeder Trainee erfährt eine bereichsgebundene Grundausbildung (z.B. im Personalwesen, Controlling, Vertrieb). Die anschließende Vertiefungsphase erfolgt im zukünftigen Aufgabenbereich des Trainees.[19]

Da das Prinzip der aktiven Mitarbeit heutzutage immer mehr in den Vordergrund rückt, lässt sich vermuten, dass die Unternehmen immer mehr Projektarbeit in ihren Programmen verankern. Ebenso ist es naheliegend, dass zunehmend eine flexiblere Programmgestal-

---

[17] Vgl. Arnold, A.: Ausbildungsprogramme und Trainee-Programme für Universitäts- und Fachhochschulabsolventen der Wirtschaftswissenschaften in Deutschland, Lizentiatsarbeit, Universität Bern, 1999, S. 30.

[18] Vgl. Becker, M.: Personalentwicklung, Bildung, Förderung und Organisationsentwicklung in Theorie und Praxis, 3. Aufl., Stuttgart, 2002, S. 298.

[19] Vgl. Arnold, A.: Ausbildungsprogramme und Trainee-Programme für Universitäts- und Fachhochschulabsolventen der Wirtschaftswissenschaften in Deutschland, Lizentiatsarbeit, Universität Bern, 1999, S. 31 ff.

tung verfolgt wird, welche sich an den Fähigkeiten und Interessen der Programmteilnehmer orientiert.[20]

2.3 Einbettung des Traineeprogramms in die Personalentwicklung

Als berufsvorbereitende Bildungsmaßnahme sind Traineeprogramme in vielen Unternehmen zu einem festen Bestandteil der betrieblichen Personalentwicklung geworden.[21]

Alle Bildungsmaßnahmen, die dem erstmaligen Berufseinsatz dienen, werden zur berufsvorbereitenden Personalentwicklung gezählt. Dabei hat diese als Betreiber eines Traineeprogramms die spezielle Aufgabe, den Hochschulabsolventen mit hinreichendem Entwicklungspotential die notwendige Qualifikation durch entsprechende Bildungsmaßnahmen zu vermitteln.[22]

Abgesehen von den Grossunternehmen mit hohem Bedarf an Hochschulabsolventen, bieten auch immer mehr mittelständige Unternehmen diese Personalentwicklungsmaßnahme an.[23]

In den deutschsprachigen Personalhandwortbüchern wurde der Begriff der Personalentwicklung erstmals in den siebziger Jahren verwendet. Seit diesem Zeitpunkt wurden in der Literatur unzählige Definitionen und Konzepte zu dieser beschrieben.

Ebenso herrschen nach wie vor verschiedene Meinungen über den Umfang der Personalentwicklung. [24]

Becker unterscheidet die Vielzahl von Personalentwicklung-Definitionen in folgender Weise:

- Personalentwicklung im engeren Sinne = Aus- und Weiterbildung

---

[20] Vgl. Kühngrün, K.: Integration und Einarbeitung von Mitarbeitern am Beispiel Trainee-Programm, Praxisbeispiele, Unternehmensziele, Zielerreichung, Wissenschaftliche Hausarbeit, Hamburg, 2002, S. 79 ff.

[21] Vgl. Thom, N. u.a.: Trainee-Programme nach dem Wirtschaftsstudium, Eine empirische Studie in Deutschland, Arbeitsbericht Nr.54, Bern, 2002, S. 1.

[22] Vgl. Kühngrün, K.: Integration und Einarbeitung von Mitarbeitern am Beispiel Trainee-Programm, Praxisbeispiele, Unternehmensziele, Zielerreichung, Wissenschaftliche Hausarbeit, Hamburg, 2002, S. 23.

[23] Vgl. Thom, N. u.a.: Trainee-Programme nach dem Wirtschaftsstudium, Eine empirische Studie in Deutschland, Arbeitsbericht Nr.54, Bern, 2002, S. 1.

[24] Vgl. Arnold, A.: Ausbildungsprogramme und Trainee-Programme für Universitäts- und Fachhochschulabsolventen der Wirtschaftswissenschaften in Deutschland, Lizentiatsarbeit, Universität Bern, 1999, S. 14.

- Personalentwicklung im erweiterten Sinne = Aus- und Weiterbildung + Förderung

- Personalentwicklung im weiten Sinne = Aus- und Weiterbildung + Förderung + Organisationsentwicklung[25]

Der Aufbau dieser Untersuchung bezieht sich auf die nachstehende Definition der Personalentwicklung im weiten Sinne, da dieser Bezugsrahmen das geeignete Schema für das weitere Vorgehen bildet.

„Ganzheitlich ausgerichtete Personalentwicklung umfasst als Gesamtsystem alle Informationen, Institutionen, Entscheidungen und Maßnahmen in einem Unternehmen, die Bildungs- und Förderungsprozesse bei den Mitarbeitern bewirken, um diese hierdurch in die Lage zu versetzen und zu motivieren, gegenwärtige und zukünftige berufliche Anforderungen zu erfüllen."[26]

Traineeprogramme gehören zu den berufsvorbereitenden Maßnahmen der Personalentwicklung und lassen sich demnach als „betriebliche Vollendung der universitären Vorleistung"[27] verstehen.

2.4 Historische Entwicklung

Der Begriff „Trainee" stammt ursprünglich aus dem angelsächsischen Sprachraum. Dort wird dieser vielfältig für Mitarbeitergruppen verwendet, die sich in den verschiedensten Formen der Ausbildung befinden, bis hin zu Praktikanten.

In Deutschland wurde die Bezeichnung Traineeprogramm das erste Mal im Jahre 1948 beim britisch-niederländischen Unilever-Konzern verwendet. Dieser hatte damals den Hauptsitz der Konzerntochter „Margarine-Union" nach Hamburg verlegt.[28]

Seit den achtziger Jahren werden Traineeprogramme vermehrt angeboten. Seitens der Unternehmen ist daher bereits ein großer Erfahrungsschatz vorhanden. Ständig werden die Traineeprogramme

---

25 Vgl. Becker, M.: Personalentwicklung. Die personalwirtschaftliche Herausforderung. Bad Homburg v. d. H. 1993, S. 24.

26 Vgl. Mudra, P.: Personalentwicklung. Integrative Gestaltung betrieblicher Lern- und Veränderungsprozesse, München, 2004, S. 145.

27 Meyer-Riedt, T.: Trainee-Programme für Nachwuchskräfte mit Hochschulabschluss und Sonderausbildungsprogramme für Abiturienten, Köln, 1993, S. 23.

28 Vgl. Staufenbiel Institut für Studien- und Berufsplanung GmbH, http://www.staufenbiel.de/index.php?id=2067, 12.11.2007, 14:16 Uhr.

den Bedürfnissen der Unternehmen angepasst und auch dementsprechend weiterentwickelt.[29]

2.5 Rechtliche Grundlagen

Als Ausbildung im rechtlichen Sinn werden berufliche Grundausbildungen verstanden, die den Auszubildenden systematische Fertigkeiten und Kenntnisse vermitteln, um einen anerkannten Ausbildungsberuf gemäß § 25 BBiG zu erlernen.[30]

In Anderen als anerkannten Ausbildungsberufen dürfen Auszubildende gemäß § 28 BBiG nicht ausgebildet werden.[31]

Der Begriff Trainee ist jedoch keine rechtlich feststehende Bezeichnung. Als arbeitsrechtlicher Regelungsgegenstand werden Trainees wie folgt definiert. „Als Trainees werden in aller Regel Hochschulabsolventen bezeichnet, denen im Wege eines training-on-the-job der Einstieg in ein Unternehmen zur Vorbereitung auf spätere Fach- und Führungsaufgaben ermöglicht wird."[32]

Da die Ausbildung von Trainees demnach nicht zu den in § 25 BBiG geregelten Ausbildungsberufen zählt, sind diese rechtlich auch nicht definiert. Traineeprogramme unterliegen keinen rechtlichen Mindeststandards oder Beschränkungen, was zur Folge hat, dass Unternehmen einen großen gestalterischen Spielraum in der Planung und Durchführung haben. Es liegt allerdings eine Einschränkung bei der Gestaltung der Laufzeit der Arbeitsverträge vor.

Ein Traineevertrag kann wie jedes andere Arbeitsverhältnis auch, auf Grund eines bestimmten Zwecks, zunächst befristet oder gleich unbefristet vereinbart werden.[33]

Sofern die Unternehmen ihren Trainees keinen unbefristeten Arbeitsvertrag anbieten möchten, ist gemäß § 14 II TzBfG eine maximal zweijährige Befristung zulässig.

---

[29] Vgl. Arnold A.: Ausbildungsprogramme und Trainee-Programme für Universitäts- und Fachhochschulabsolventen der Wirtschaftswissenschaften in Deutschland, Lizentiatsarbeit, Universität Bern, 1999, S. 11.

[30] Vgl. Schaub, G. u.a.: Arbeitsrechts- Handbuch, 11.Aufl., München, 2005, S. 1685.

[31] Vgl. Schaub, G. u.a.: Arbeitsrechts- Handbuch, 11.Aufl., München, 2005, S. 113.

[32] Schaub, G. u.a.: Arbeitsrechts- Handbuch, 11.Aufl., München, 2005, S. 298.

[33] Vgl. Kornbichler, H. u.a.: Beck'sches Formularbuch Arbeitsrecht, München, 2005, S. 331.

Eine befristete Anstellung kann außerdem im Anschluss an das Studium erfolgen, da diese durch das Gesetz als sachlich gerechtfertigt angesehen wird. Es besteht eine Erfahrungstatsache, welche besagt, dass der Berufsstart durch die Befristung häufig vereinfacht wird.[34]

Somit sind als wichtigste Merkmale die zeitliche Eingrenzung der Ausbildungsmaßnahme sowie die Struktur und Bestandteile der Programme zu nennen.[35]

Indirekt haben rechtliche Entscheidungen dennoch Einfluss auf die Traineeprogramme. So bietet die in der Europäischen Union eingeführte Personalunion auch europäischen Hochschulabsolventen die Möglichkeit an einem Traineeprogramm in Deutschland teilzunehmen.[36]

Auch für die Personalentwicklung im Allgemeinen ist der rechtliche Regelungsrahmen von Bedeutung. Die steigende Dynamik in und um das Unternehmen und die dadurch entstehende Notwendigkeit einer vorlaufenden Angleichung der Leistungsprozesse schlug sich in der Verstärkung der Betriebsratsrechte, im Rahmen der 2001 vorgenommenen Änderungen des BetrVG, nieder. [37]

---

34 Vgl. Schaub, G. u.a.: Arbeitsrechts- Handbuch, 11.Aufl., München, 2005, S. 298.
35 Vgl. Clever, G. u.a.: Mittelständer setzt Traineeprogramme ein, in: Personalwirtschaft – Magazin für Human Resources, Heft 5/2001, Köln, 2001, S. 42 – 48.
36 Vgl. Arnold A.: Ausbildungsprogramme und Trainee-Programme für Universitäts- und Fachhochschulabsolventen der Wirtschaftswissenschaften in Deutschland, Lizentiatsarbeit, Universität Bern, 1999, S. 45.
37 Vgl. Oechsler, W.: Personal und Arbeit, Grundlagen des Human Resource Management und der Arbeitgeber-Arbeitnehmer-Beziehung, 8.Aufl., München, 2006, S. 532.

3. Theoretische Grundlagen zur Empirischen Untersuchung

Grundsätzlich können Daten, wie im Fall der nachfolgend beschriebenen Unternehmensbefragung, mit unterschiedlichen Untersuchungsmethoden erhoben werden. Ausgewählt wurde das methodische Vorgehen einer schriftlichen Befragung, welche in der empirischen Sozialforschung als eine der wichtigsten und meistangewandten Untersuchungsmethoden gilt.[38]

Eine mündliche Befragung war auszuschließen. Bei dem Umfang an Anfragen, welche Firmen für Abschlussarbeiten [39] erhalten, wären vermutlich nur wenige Firmen bereit gewesen einen persönlichen Termin zu vereinbaren.

Da unter anderem Angaben zu den Gehältern von Trainees und Direkteinsteigern abgefragt wurden, musste auch eine telefonische Befragung ausgeschlossen werden. Es bestand die Vermutung, dass derart diskrete Auskünfte nicht am Telefon preisgegeben werden.

Außerdem hätte der Befragte höchstwahrscheinlich bei einigen Fragen in Unterlagen nachschlagen müssen bzw. im Hause zunächst Informationen einholen müssen.[40]

3.1 Forschungsdesign

Bei dieser Erhebung wurde, wie bereits erwähnt, der voll-standardisierte Fragebogen als generalisiertes Messinstrument gewählt. Die Auskünfte zu Merkmalen des jeweiligen Traineeprogramms werden durch den Befragten als Informant erteilt. Dies ist somit eine indirekte Messung bei der nicht der Interviewer, sondern der Befragte in seiner Rolle als Experte Messwerte zuweist.[41]

---

[38] Vgl. Gulden, H.: Evaluation von Traineeprogrammen als Alternative zur klassischen Form des Berufseinstiegs, Betrachtung aus Firmen- und Studentensicht, Mering, 1996, S. 57.

[39] Unter Abschlussarbeiten sind Diplomarbeiten, Bachelorarbeiten, Masterarbeiten, ‚Promotionsarbeiten, Habilitationsarbeiten, Magisterarbeiten, Dissertationen oder ähnliche Studienarbeiten zu verstehen, in deren Umfang eine empirische Untersuchung möglich ist.

[40] Vgl. Gulden, H.: Evaluation von Traineeprogrammen als Alternative zur klassischen Form des Berufseinstiegs, Betrachtung aus Firmen- und Studentensicht, Mering, 1996, S. 57.

[41] Vgl. Kromrey, H.: Empirische Sozialforschung, Modelle und Methoden der standardisierten Datenerhebung und Datenauswertung, 10. Aufl., Opladen, 2002, S. 383.

Da durch diese Befragung keine situationsgebundenen Reaktionen sondern wohl überdachte, möglichst rationale Informationen erhoben werden sollen, wurden offene oder nur wenig standardisierte mündliche Befragungsformen, wie narrative Einzel- oder Telefoninterviews und Gruppendiskussionen, ausgeschlossen. Diese zeichnen sich durch ihren völlig offenen Interviewverlauf aus. Dem Interviewer wird dadurch ermöglicht während der Erhebungssituation auf den Befragten und dessen Antworten einzugehen. Im Gegensatz dazu sind beim voll-standardisierten Fragebogen alle Fragen bereits vor der tatsächlichen Durchführung der Befragung ausformuliert und in ihrer Reihenfolge festgelegt. Ebenso sind die Antwortmöglichkeiten bei halboffenen oder geschlossenen Fragestellungen vorselektiert. [42]

Die Tatsache, dass die Befragung anonym und ohne persönliches Risiko für den Informanten ist, ermöglicht diesem eine unbeeinflusste Auskunft, frei von strategischen Überlegungen.[43]

3.1.1 Pretest

Ein sog. Pretest dient in der empirischen Sozialforschung der Kontrolle und Qualitätsverbesserung des entwickelten Erhebungsinstruments.[44]

Zwei Wochen vor der tatsächlichen Befragung wurde ein solcher von der Verfasserin durchgeführt. Die Erfahrungen, die bei der Überprüfung der beantworteten Fragebögen und den Nachgesprächen mit den befragten Test-Personen gewonnen wurden, erbrachten durchaus einige Anregungen zur Veränderung des Fragebogens.

In der anschließenden Erhebung wurden aufgrund dieser Erkenntnisse folgende Modifikationen berücksichtigt:

- Die Änderung der Reihenfolge von einzelnen Fragen.

---

[42] Vgl. Kromrey, H.: Empirische Sozialforschung, Modelle und Methoden der standardisierten Datenerhebung und Datenauswertung, 10. Aufl., Opladen, 2002, S. 377.

[43] Vgl. Kromrey, H.: Empirische Sozialforschung, Modelle und Methoden der standardisierten Datenerhebung und Datenauswertung, 10. Aufl., Opladen, 2002, S. 381.

[44] Vgl. Kromrey, H.: Empirische Sozialforschung, Modelle und Methoden der standardisierten Datenerhebung und Datenauswertung, 10. Aufl., Opladen, 2002, S. 364.

- Die Frage nach der Altershöchstgrenze der Trainees zum Einstellungszeitpunkt als Auswahlkriterium im Rekrutierungsprozess wurde zur Frage nach dem Altersdurchschnitt bei Antritt ihrer Stelle umformuliert.

- Die Antwortmöglichkeit zur Programmdauer wurde flexibilisiert. So konnten z.b. auch eine Angabe von 12 bis 24 Monaten gemacht werden.

- Die Frage zur Zuständigkeit für die Kostenplanung wurde um eine genaue Definition der Kostenarten ergänzt.

- Die Streichung der Frage „Wie erfolgreich schätzen Sie persönlich den Erfolg Ihres Traineeprogramms ein?".

3.1.2 Datenerhebung

Als Grundgesamtheit der Untersuchung sind alle deutschen Unternehmen, die sowohl Traineeprogramme wie auch den Direkteinstieg als Alternative anbieten, festzulegen.[45]

Da Traineeprogramme aber, wie bereits erwähnt, keine eindeutig definierte oder gesetzlich geregelte Ausbildung darstellen, kann jedes Unternehmen ein solches Programm anbieten. Aus diesem Grund ist die Grundgesamtheit deutscher Unternehmen, welche Traineeprogramme für Hochschulabsolventen anbieten, nicht bekannt.[46]

Demzufolge wurde eine Stichprobe gezogen und insgesamt 230 Unternehmen per Email angeschrieben.[47]

Die Email wurde ohne vorherige Kontaktaufnahme mit den Adressaten direkt an die Programmverantwortlichen geschickt.

In dieser wurde zunächst auf die Begründung und Zielsetzung der Erhebung eingegangen. Des Weiteren wurde den Befragten die Anonymität der Auswertung sowie ein kostenfreies Auswertungsexemplar zugesichert.

---

[45] Unter der Grundgesamtheit einer Untersuchung wird diejenige Menge von Elementen verstanden, über die Aussagen im Rahmen der Untersuchung getroffen werden sollen.

[46] Vgl. Gulden, H.: Evaluation von Traineeprogrammen als Alternative zur klassichen Form des Berufseinstiegs, Betrachtung aus Firmen- und Studentensicht, Mering, 1996, S. 62.

[47] Als Stichprobe ist eine Teilmenge einer Grundgesamtheit, die gemäß einer Wahrscheinlichkeitsverteilung zufällig ausgewählt worden ist.

Zur Befragung selbst gelangte man durch einen im Text angegeben Internetlink. Dieser führte direkt zur Startseite der Befragung.

Zur Erstellung des Fragebogens wurde das kostenfreie System für Onlinebefragungen der Internetseite http://www.die.befrager.de genutzt.

Aufgrund der Möglichkeit einer anonymen elektronischen Beantwortung der Fragen ist unbekannt wer schlussendlich den Fragebogen beantwortet hat.

Angesichts der zeitlichen Rahmenbedingungen für diese Untersuchung wurde bereits nach drei Wochen eine Erinnerungs-Email verschickt. Diese beinhaltete die Bitte, dass alle Unternehmen, die den Fragebogen noch nicht ausgefüllt hätten, dies doch bitte tun möchten, um eine repräsentative Grundgesamtheit erreichen zu können.

Es konnten schlussendlich insgesamt 30 Fragebogen ausgewertet werden. Das stellt eine Rücklaufquote von 13,04 % dar.[48] Die Rücklaufquote der Studie liegt im normalen Bereich, der bei schriftlichen online durchgeführten Betriebsbefragungen zu erwartenden Werte.

Einige Unternehmen antworteten per Email und teilten eine Begründung dafür mit, aus welchem Grund Sie nicht an der Erhebung teilnehmen.

Folgende Anlässe wurden angegeben:

- Eine ganze Reihe von namhaften Unternehmen gab an, dass die Anfragen dieser Art so zahlreich geworden sei, dass die Beantwortung aller Fragebögen zeitlich zu umfangreich wurde und sie deshalb leider aus Kapazitätsgründen nicht unterstützen könnten

- Zwei Unternehmen gaben an, dass ihr Programm erst starten wird und sie deshalb noch keine Angaben machen könnten

- Ein Unternehmen gab an, dass es technische Probleme beim Ausfüllen der Befragung auf der vom Autor entsprechend eingerichteten Internetseite gab

---

[48] Ausschöpfungsquote ist der Rücklauf potentieller Anbieter. Berechnung: (30*100)/230.

4. Konstruktion des Erhebungsinstruments

Der Online-Fragebogen besteht, inklusive Begrüßungs- und Abschlussseite, aus sechs Seiten mit insgesamt 40 Fragen.

Die Strukturierung erfolgte anhand folgender vier Hauptüberschriften, die den Zweck eines Leitfadens dienten:

- „Angaben zum Unternehmen"
- „Angaben zum Recruitmentprozess"
- „Allgemeine Angaben zum Traineeprogramm"
- „Ergebnisse des Programms"

Der Fragebogen dient dem Ziel, einen Überblick zu den nachfolgenden Punkten zu schaffen:

- Strukturdaten der ausbildenden Unternehmen
- Rekrutierungsverfahren und Einstellungskriterien
- Gehälter und vertragliche Konditionen
- Allgemeine Konzeption und Verantwortlichkeiten für das Programm
- Klassifikation und Programminhalte
- Auswirkungen der Internationalisierung
- Zielsetzungen und Aufgaben der Traineeprogramme
- Erfolgskontrollen und –hindernisse

Auf Grund der besonderen Gegebenheit einer indirekten Messung wurden im Fragebogen folgende formale Voraussetzungen geschaffen, um die Gültigkeit der Wertezuweisung durch die Befragten zu gewährleisten:

- Der Fragebogentitel sowie das Anschreiben erläutern eindeutig den Untersuchungsgegenstand ‚Traineeprogramm'.
- Die Kriterien zur Beantwortung von Fragen sind eindeutig bestimmt und operationalisiert.
- Bei Fragen, deren Antworten zu gewichten sind, stehen fünfstufige Rangskalen mit klar definierten Skalen-Endpunkten sowie unterscheidbaren Abstufungen zur Verfügung.

- Bei einer Frage, deren Antworten nach Priorität eingestuft werden sollen, steht eine durch das Befragungsprogramm hinterlegte 7-stufige Rangskala zur Auswahl.

- Geschlossene oder halboffene Fragen werden durch die dazu gehörige Beschreibung eindeutig erläutert.

- Für Auswahlfragen mit lediglich einer Antwortmöglichkeit steht eine vorselektierte Antwortenliste zur Auswahl.

- Offene Fragen werden durch die zur Frage gehörige Beschreibung definiert.

4.1 Datenverarbeitung und -auswertung

Das Tabellenkalkulationsprogramm MS Excel diente zur manuellen Auswertung aller Daten dieser Untersuchung. Es wurden Relativ- und Absolutzahlen ermittelt. Bei Mehrfachnennungen werden die relativen und absoluten Zahlen genannt. Da die Unternehmen nicht zwangsläufig jede Frage beantworten mussten, um mit der nächsten Frage im Erhebungsbogen fortfahren zu können, ist die Anzahl der Antworten unterschiedlich. Die Befragten, welche eine Antwort zur jeweiligen Frage beigesteuert haben sind somit teilweise weniger als 30. Bei der Auswertung der relativen Zahlen wurde in diesen Fällen von der tatsächlichen Summe der Angaben ausgegangen und nicht von 30, da dies eine Verschiebung der Ergebnisse bewirkt hätte. Je nach Fragestellung wurden die Ergebnisse analysiert, interpretiert und durch Tabellen und Graphiken illustriert.[49]

Falls sich ein Zusammenhang zwischen den Antworten von verschiedenen Fragen vermuten ließ, so wurde darauf eingegangen. Die Auswertung der Daten erfolgte unabhängig von Unternehmensgröße und Branchenzugehörigkeit.

4.2 Inhaltliche Gestaltung des Fragebogens

Um dem Anspruch des wissenschaftlichen Arbeitens gerecht zu werden, wurde eine Aufstellung zu den Absichten, die hinter den Fragen der Verfasserin stehen, dargestellt.

---

[49] Vgl. Arnold A.: Ausbildungsprogramme und Trainee-Programme für Universitäts- und Fachhochschulabsolventen der Wirtschaftswissenschaften in Deutschland, Lizentiatsarbeit, Universität Bern, 1999, S. 51.

Themenblock: Angaben zum Unternehmen		
Nr.	**Frage**	**Intention**
1	Unternehmensname:	Es wird nach der Firmierung gefragt um zu prüfen welche Unternehmen an der Befragung teilgenommen haben.
2	Anzahl der Mitarbeiter:	Diese Frage dient der größenmäßigen Einordnung des Unternehmens.
3	Unternehmensbranche:	Die Zusammensetzung der befragten Unternehmen nach der Wirtschaftszweigzugehörigkeit soll hier in Erfahrung gebracht werden.
4	Wie viele Trainees stellen Sie jährlich ein?	Das Interesse an der Anzahl von Trainees dient der Erfassung des Angebotsumfangs an Stellen.
5	Wie viele Direkteinsteiger stellen Sie jährlich ein?	Die erfragte Angabe soll einen Vergleich zur Zahl der angebotenen Traineestellen ermöglichen.

Tabelle 1: Intentionen der Fragen im Themenblock zum Unternehmen

Themenblock: Angaben zum Recruitmentprozess		
Nr.	**Frage**	**Intention**
6	Welche der nachstehend genannten Recruitment – Aktivitäten führt Ihr Unternehmen zur Gewinnung von Trainees durch?	Hier soll die Spannweite der Tätigkeiten, die zur Nachwuchsgewinnung eingesetzt werden in Erfahrung gebracht werden.
7	Wie ist der Altersdurchschnitt Ihrer Trainees bei Programmbeginn?	Das Interesse liegt hier daran heraus zu finden, ob Traineestellen tatsächlich vorwiegend an Hochschulabsolventen vergeben werden oder ob zunehmend Bewerber eingestellt werden, die schon Berufserfahrung sammeln konnten, wie in Frage Nr.14 auch abgefragt wird.
8	Wie viel Prozent Ihrer Trainees wurden aus dem Ausland rekrutiert?	Prüfung der Hypothese, dass die vorangehende Internationalisierung die Programme beeinflusst.
9	Wie viele Bewerbungen hat Ihr Unternehmen im Durchschnitt auf eine Traineestelle?	Prüfung der Attraktivität von Traineeprogrammen gegenüber dem Direkteinstieg aus Bewerbersicht.

(Fortsetung folgende Seite)

Themenblock: Angaben zum Recruitmentprozess	
10	Wie viele Bewerbungen hat Ihr Unternehmen im Durchschnitt auf eine Direkteinsteigerstelle?	Siehe Intention von Frage Nr.9.
11	Welche Studienrichtungen der Bewerber werden von Ihrem Unternehmen gesucht?	Die Unternehmen werden nach der Studienrichtung befragt, um eine Übersicht zur Vielfalt der in Deutschland angebotenen Traineeprogramme zu erhalten.
12	Wie wichtig sind für Ihr Unternehmen die nachfolgend genannten persönlichkeitsbezogenen Einstellungskriterien?	Die Sozial- und Persönlichkeitskompetenz die von den Bewerbern gefordert wird, stellt hier das Interesse dar.
13	Wie wichtig sind für Ihr Unternehmen die nachfolgend genannten studienbezogenen Einstellungskriterien?	Die Fortführung der Frage Nr.12 ist hier die Frage nach der Fachlichen Kompetenz. Ebenso soll die Gewichtung zwischen Persönlichen und Fachlichen Anforderungen an die Trainees in Erfahrung gebracht werden.
14	Wie wichtig sind Ihrem Unternehmen die nachfolgend genannten Zusatzqualifikationen der Bewerber?	Hier soll herausgefunden werden, welches Können und welche Erfahrung außerdem von den potentiellen Trainees verlangt wird.
15	Wie ist die Dauer des Arbeitsverhältnisses Ihrer Trainees vertraglich vereinbart?	Die mangelnde Gesetzliche Definition von Traineeprogrammen gibt den Unternehmen einen Freiraum zur Vertragsgestaltung. Wie dieser genutzt wird ist hier von Interesse.
16	Existiert in Ihrem Hause eine Stellenbeschreibung zu jeder Traineeposition?	Das Erkenntnisziel ist es, herauszufinden ob eine Messgröße für die Erfüllung der Einstellungskriterien vorhanden ist.
17	Wie hoch ist das Bruttojahresgehalt eines Trainees in Ihrem Hause?	Durch diese Frage soll geprüft werden in wie weit das Entgelt variiert.
18	Handelt es sich bei dem zuvor genannten Jahresgehalt der Trainees um eine exakte oder durchschnittliche Angabe?	Dies ist eine Kontrollfrage zur Frage Nr.17.
19	Variiert das Gehalt Ihrer Trainees je nach Hochschulabschluss bzw. Qualifikation?	Ob die Unternehmen intern strenge Gehaltsrichtlinien oder Verhandlungsspielraum in Bezug auf die Vergütung haben ist die Intention dieser Frage.

Tabelle 2: Intentionen der Fragen im Themenblock zum Recruitmentprozess

\multicolumn{2}{c}{Themenblock: Allgemeine Angaben zum Traineeprogramm}	
Nr.	**Frage**	**Intention**
20	Wie viele Jahre existiert bereits ein Traineeprogramm in Ihrem Hause?	Es wird hier der Erfahrungsschatz mit dem Traineeprogramm abgefragt. Des Weiteren ist von Interesse wie frühzeitig das Unternehmen sich für die Einführung eines Traineeprogramms entschieden hat.
21	Ist die Dauer aller Ausbildungsbausteine Ihres Traineeprogramms festgelegt?	Die Hypothese einer zunehmenden Flexibilisierung der Programme soll hier überprüft werden.
22	Unterliegt die Programmgestaltung in Ihrem Unternehmen einem festen Ablauf der Ausbildungsstationen?	Siehe Intention der Frage Nr. 21.
23	Orientiert sich die Programmgestaltung in Ihrem Hause an den Fähigkeiten der Trainees?	Die erfragten Angaben sollen belegen, wie individuell die Ausbildung der Trainees gestaltet wird.
24	Wie lange ist die Dauer Ihres Traineeprogramms?	Die in der Literatur so oft erkennbare Uneinigkeit über eine sinnvolle Dauer eines Traineeprogramms soll durch diese Frage widergespiegelt werden.
25	Gibt es einen festen Starttermin für Ihr Programm?	Siehe Intention von Frage Nr. 21.
26	Wer ist für die Durchführung/Organisation der Traineeausbildung verantwortlich?	Als Bestandteil der Personalentwicklung sind Traineeprogramme grundsätzlich organisatorisch dort einzuordnen. Wie dieses im Unternehmen gehandhabt wird ist hier von Interesse.
27	Wer ist für die Betreuung der Trainees verantwortlich?	Die Frage dient der Feststellung, wie die Obhut über die Trainees aufgestellt wurde.
28	Wem untersteht die Kostenplanung für das Programm?	Hier soll die Verantwortlichkeit für die Budgetierung des Programms geklärt werden.
29	Wie würden Sie Ihr Programm klassifizieren?	Die Unternehmen werden nach der Einstufung gefragt um eine Übersicht, der in Deutschland angebotenen Programmtypen, zu erlangen.

(Fortsetung folgende Seite)

Themenblock: Allgemeine Angaben zum Traineeprogramm	
30	Falls Ihr Unternehmen ressortbe-grenzt ausbildet, in welchen Be-reichen werden die Trai-neeprogramme angeboten?	Diese Frage gilt der Bestimmung in welchen Bereichen ausgebildet wird.
31	Welche der nachstehend genann-ten Instrumente sind Bestandteile der Ausbildung Ihrer Trainees?	Hier soll die Vielfalt der Instrumente, die zur Entwicklung der Trainees ein-gesetzt werden in Erfahrung gebracht werden.

Tabelle 3: Intentionen der Fragen im Themenblock zum Traineeprogramm

Themenblock: Ergebnisse des Programms		
Nr.	**Fragen**	**Intention**
32	Wie viel Prozent der ausgebilde-ten Trainees werden am Ende des Programms erfahrungsge-mäß übernommen?	Wie sich der Erfolg in Bezug auf die Übernahmequote der Absolventen dar-stellt, soll hier aufgedeckt werden.
33	Welche Zielposition ist für die Trainees in Ihrem Unternehmen nach der Absolvierung des Pro-gramms vorgesehen?	Die vor Beginn des Programms festge-legte Zielsetzung in Hinsicht auf die spätere Einstiegstätigkeit eines Pro-grammabsolventen ist hier von Interes-se.
34	Werden die Trainees Ihres Un-ternehmens nach Beendigung des Programms weiterhin gefördert und entwickelt?	Hier soll die Überleitung der vorherge-henden Personalentwicklungsmaß-nahme Traineeprogramm in eine wei-terführende Förderung der Programm-absolventen erforscht werden.
35	Wie wichtig sind Ihrem Unter-nehmen die nachstehend aufge-führten Ziele in Bezug auf Ihr Traineeprogramm?	Es soll die Intention der Unternehmen erfragt werden, die sie dazu bewegt ein Traineeprogramm durchzuführen.
36	Wie wird in Ihrem Unterneh-mender Erfolg des Trai-neeprogramms gemessen?	Das Erkenntnisziel bei dieser Frage ist es zu erforschen, ob die Unternehmen überhaupt die in Frage Nr. 35 angege-ben Ziele überprüfen.
37	Aussage: "Ein Absolvent eines Traineeprogramms hat einen Karrierevorteil gegenüber einem Direkteinsteiger."	Hier soll die Meinung der Befragten dahingehend eingeholt werden, ob Traineeprogramme tatsächlich der maßgebende Grundstein für eine Kar-rierelaufbahn sind.

(Fortsetung folgende Seite)

Themenblock: Ergebnisse des Programms	
38	Aussage: "Die Dauer eines Traineeprogramms wird sich in Zukunft verkürzen."	Die Hypothese mancher Autoren über eine zukünftige Verkürzung von Traineeprogrammen soll mit der Meinung der Befragten abgeglichen werden.
39	Aussage: " Trainees haben unrealistisch hohe Erwartungen an ihre mittelfristige Karriereentwicklung:"	Die Befragten sollen hier, aus Ihrer Erfahrung heraus, eine Einschätzung zur Erwartungshaltung der Trainees geben.
40	Aussage:" Direkt-/ u. Quereinsteiger fühlen sich häufig gegenüber den ‚Premium-Einsteigern' zurückgesetzt."	Ob die Trainees im Unternehmen wie die Elite der Nachwuchskräfte präsentiert wird und dies deshalb, der Einschätzung der Befragten nach, zur Demotivation der Direkteinsteiger führt, ist an dieser Stelle das Erkenntnisziel.

Tabelle 4: Intentionen der Fragen im Themenblock zu den Ergebnissen

5. Ergebnisse und Analyse der Empirischen Untersuchung

- **Unternehmensname:**

Die Frage nach dem Unternehmensnamen wurde ausschließlich gestellt, um die Unternehmen, die sich an der Befragung beteiligten, zu identifizieren. Dadurch konnte die Autorin gewährleisten, dass die Unternehmen, die an der Erhebung teilnahmen, die Auswertung der Ergebnisse erhalten.

- **Anzahl der Mitarbeiter:**

Die Einteilung nach Unternehmensgröße wurde unter der Gesamtzahl der Beschäftigten eines Betriebs zusammengefasst und erfolgte in fünf Größenklassen. 44,83% der Unternehmen, und somit der mit Abstand größte Anteil der Befragungsteilnehmer, gaben an zwischen 5.000 – 20.000 Mitarbeiter zu beschäftigen. Den nächst kleineren Anteil mit 24,14% stellen die Firmen mit einer Mitarbeiterzahl von 1.000 – 5.000 dar, dicht gefolgt von den Unternehmen mit einer Belegschaftsgröße von mehr als 20.000 Mitarbeitern. Diese sind bei der Erhebung immerhin zu rund ein fünftel (20,69%) vertreten.

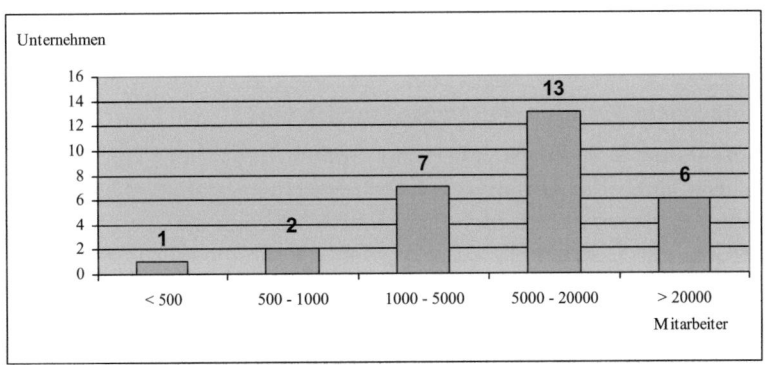

Abbildung 1: Mitarbeiteranzahl der Unternehmen

- **Unternehmensbranche:**

Die Unternehmen hatten die Möglichkeit sich in den entsprechenden Wirtschaftsbereich ihrer Zugehörigkeit einzuordnen. Den eindeutig stärksten Anteil stellen die Finanzdienstleister mit 19,35% dar. Am zweithäufigsten nahmen Firmen aus dem Bereich der Chemie und Energie sowie die unter der Kategorie Sonstige genannten Branchen, mit jeweils 12,90%, teil. Unter sonstige Branchen gaben die Befragten Elektro-Industrie, Maschinen- und Anlagenbau, Glas- sowie Bauverwaltung an.

Die Automobilbranche und der Handel nehmen jeweils 9,68% der Erhebungsteilnehmer ein. Aus dem Versicherungsbereich kommen immerhin 6,45% der Befragungsteilnehmer. Jeweils nur einmal, und somit mit 3,23%, sind Firmen aus dem Bereich IT-Dienstleistungen, Nahrungsmittel sowie Logistik & Verkehr vertreten.

Zur Verdeutlichung zeigt das nachstehende Kreisdiagramm die anteilige Verteilung der Teilnehmer anhand ihrer Branchenzugehörigkeit.

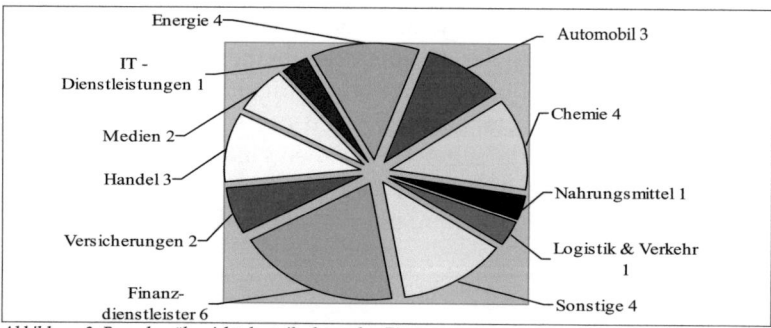

Abbildung 2: Branchenübersicht der teilnehmenden Firmen

- **Wie viele Trainees stellen Sie jährlich ein?**

So vielfältig wie die Angaben zur Branchenzugehörigkeit, so sehr variierte auch der Umfang des Traineestellenangebots. Die Spannweite reichte von einer Stelle pro Jahr bis hin zu 280. Zur Gewährleistung der Übersichtlichkeit werden die Traineeplatzangebote je Unternehmen in der folgenden Darstellung zu sechs Größenkategorien zusammengefasst.

Klassifikation des Traineestellen-angebots	Absolute Zahlen	Prozentzahlen
1 – 5	6	20,00 %
6 – 10	9	30,00 %
11 – 20	5	16,67 %
21 – 40	5	16,67 %
41 – 100	2	6,67 %
> 100	3	10,00 %

Tabelle 5: Klassifikation Traineestellenangebot je Unternehmen pro Jahr

Der Gesamtdurchschnitt der Traineestellen die pro Unternehmen angeboten werden liegt bei 24,15 Stellen. Dem ungeachtet liegt der Hauptanteil von 30,00 % bei den Firmen die zwischen 6 – 10 Trainesstellen pro Jahr anbieten.

- **Wie viele Direkteinsteiger stellen Sie jährlich ein?**

Ebenso wie bei der vorangegangenen Frage werden auch an dieser Stelle Größenklassifikationen zu den Direkteinsteigerstellen aus Gründen der Übersichtlichkeit gebildet. Enorm war auch die Unterschiedlichkeit der Antworten zu den Arbeitsplatzangeboten für Direkteinsteiger. Diese reichten von zwei bis 100 Stellen.

Klassifikation des Direkteinsteiger-stellen	Absolute Zahlen	Prozentzahlen
1 – 5	8	26,67 %
6 – 10	6	20,00 %
11 – 20	5	16,67 %
21 – 40	2	6,67 %
41 – 100	5	16,67 %
> 100	4	13,33 %

Tabelle 6: Klassifikation nach Direkteinsteigerstellen je Unternehmen pro Jahr

55,66 Direkteinsteiger werden im Gesamtdurchschnitt je Unternehmen eingestellt.

Auffällig ist an dieser Stelle, dass die Höchstzahl der Neueinstellungen von Hochschulabsolventen nach Angaben der Unternehmen bis zu 280 Trainees aber lediglich maximal 100 Direkteinsteiger sind. Dieses Verhältnis ist auffallend ungewöhnlich im Vergleich zu den in der Literatur genannten Aufteilungen bei der Stellenvergabe an Hochschulabsolventen.

Nachfolgend wird noch das Verhältnis zwischen den jährlichen Einstellungen von Direkteinsteigern und Trainees gegenüber gestellt. Es lässt sich feststellen, dass auf eine Traineeeinstellung ungenau gesehen, zwei Direkteinsteiger eingestellt werden.

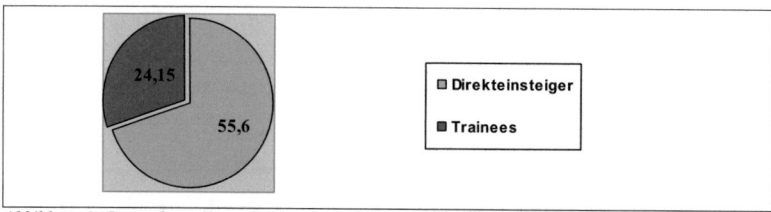

Abbildung 3: Gegenüberstellung der durchschnittlichen Einstellungen pro Jahr

- **Welche der nachstehend genannten Recruitment – Aktivitäten führt Ihr Unternehmen zur Gewinnung von Trainees durch?**

Zur Gewinnung von Hochschulabsolventen stehen den künftigen Arbeitgebern verschiedenartige Instrumente zur Verfügung. Ausnahmslos alle der Befragten nutzen als wichtigstes Medium, neben der Werbung auf der Unternehmenseigenen Homepage, Internet-Stellenanzeigen als Rekrutierungsmöglichkeit. Ebenso dienen die Vergabe von Praktikanten-/ Werksstudentenplätzen oder auch Abschlussarbeiten bei nahezu allen Unternehmen zur ersten Kontaktaufnahme mit späteren Trainees.

Darüber hinaus wurden von sechs der Befragten als sonstige Aktivitäten Absolventenkongresse, Wettbewerbe, E-Recruiting, AIESEC-Veranstaltungen, Case Studies, Hochschulmessen - Career Days, Bewerber- und AC-Trainings, Anzeigen in der FAZ und zu guter letzt Inhouse-Exkursionen genannt.

Die detaillierten Ergebnisse dieser Fragen zeigt die nachstehende Tabelle auf:

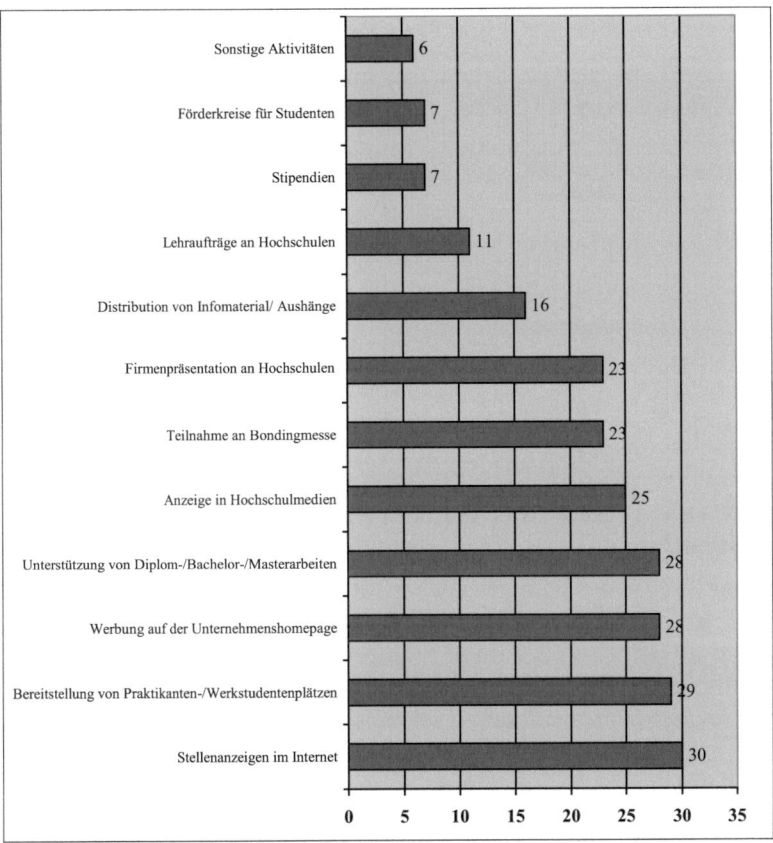

Abbildung 4: Rekrutierungsinsturmente zur Gewinnung neuer Trainees

- **Wie ist der Altersdurchschnitt Ihrer Trainees bei Programmbeginn?**

Traineeprogramme werden als strukturierte Einarbeitungs- und Förderprogramme für Hochschulabsolventen verstanden.[50]

Dem gegenüber wird in Frage Nr.14 bei den Unternehmen abgefragt, welche Priorität eine bereits vorhandene Berufsausbildung innehat. Unter anderem deshalb war es interessant eine Übersicht zum Durchschnittsalter der Neueinstellungen zu erstellen, um heraus zu finden ob Traineestellen tatsächlich vorwiegend an Hoch-

---

50 Vgl. http://www.perso-net.de/PDF-Texte/Traineeprogramm.pdf, 26.12.2007, 14:25 Uhr.

schulabsolventen vergeben werden, oder ob zunehmend Bewerber eingestellt werden, die schon Berufserfahrung sammeln konnten.

Vor allem aus diesem Grund war interessant, dass der größte Teil der Antworten mit 43,3% bei einem Alter von 26 Jahren liegt.

Altersvorgaben	Absolute Zahlen	Prozentzahlen
Durchschnittsalter 24	2	6,67 %
Durchschnittsalter 25	7	23,33 %
Durchschnittsalter 26	13	43,33 %
Durchschnittsalter 27	6	20,00 %
Durchschnittsalter 28	1	3,33 %
Durchschnittsalter 29	1	3,33 %

Tabelle 7: Altersdurchschnitt der Trainees bei Programmbeginn

- **Wie viel Prozent Ihrer Trainees wurden aus dem Ausland rekrutiert?**

Ganze 46,67% der Befragten gaben an keinerlei Rekrutierungsaktivitäten im Ausland zu betreiben. Jeweils 13,33% der Unternehmen gaben an 1% bzw. 2% ihrer Traineesuche auch über die Grenzen Deutschlands hinaus zu erweitern. Nur ein Unternehmen (3,33%) gibt an zu 3% im Ausland zu rekrutieren. Dies wird von 5% gefolgt, was auch nur 2 Unternehmen (6,67%) angeben. Immerhin 13,33% der befragten Firmen gewinnen Ihre Trainees zu 10% aus dem Ausland.

Ferner benennt lediglich ein Unternehmen (3,33%) zu einem fünftel die Kandidaten des Programms außerhalb von Deutschland zu gewinnen.

Eine stärkere Auslandsorientierung der Unternehmung als Ursache der Globalisierung konnte insgesamt, zumindest im Bereich der Mitarbeitergewinnung, noch nicht festgestellt werden. Durchschnittlich werden lediglich 2,83% Trainees aus dem Ausland eingestellt.

- **Wie viele Bewerbungen hat Ihr Unternehmen im Durchschnitt auf eine Traineestelle?**

Die nächsten beiden Fragen sollen aufklären, ob eine Tendenz erkennbar ist, inwieweit der Berufseinstieg mittels Traineeprogramm oder als Direkteinstieg durch die Hochschulabsolventen favorisiert wird. Nach den vorliegenden Zahlen der Unternehmen liegen die Bewerbungen für eine Traineestelle im Schnitt bei 75,63. Wobei angemerkt werden muss, dass ein Unternehmen als höchste Anzahl 400 Bewerbungen pro Stelle nannte.

Folgende Bewerbungsanzahl, dargestellt in Klassifikationsgruppen, gaben die Unternehmen als Querschnittswert an:

Klassifikation der Bewerberanzahl	Absolute Zahlen	Prozentzahlen
1 - 15	7	29,17 %
16 - 20	6	25,00 %
41 - 80	3	12,50 %
81 - 110	5	20,83 %
>110	3	12,50 %

Tabelle 8: Anzahl der Bewerbungen auf eine Traineestelle

- **Wie viele Bewerbungen hat Ihr Unternehmen im Durchschnitt auf eine Direkteinsteigerstelle?**

Als Pendant zur vorherigen Frage gaben die Firmen nachstehende Schätzung ab:

Klassifikation der Bewerberanzahl	Absolute Zahlen	Prozentzahlen
1 - 15	8	30,77 %
16 - 20	6	23,08 %
41 - 80	8	30,77 %
81 - 110	3	11,54 %
>110	1	3,85 %

Tabelle 9: Anzahl der Bewerbungen auf eine Direkteinsteigerstelle

Mit im Durchschnitt 40,38 Bewerbungen auf eine Direkteinsteigerstelle im Vergleich zu 75,63 auf eine Traineestelle liegt die Schlussfolgerung nahe, dass die Präferenz der Hochschulabsolventen auf einem Traineeprogramm als Berufseinstieg liegt. Als höchste Anzahl von Bewerbungen auf eine Direkteinsteigerstelle gab eine befragte Firma 250 an.

- **Welche Studienrichtungen der Bewerber werden von Ihrem Unternehmen gesucht?**

Am vielfältigsten einsetzbar, und aus diesem Grund vermutlich auch so häufig gesucht, sind Absolventen der Wirtschaftswissenschaften mit ganzen 93,33 %.

Relativ häufig werden auch die Studienrichtungen Ingenieurwesen (66,67 %) sowie Wirtschaftsingenieurwesen (63,33 %) von den Unternehmen angegeben. Am seltensten werden die unter der Kategorie Sonstige Studienfächer zusammengefassten Studienrichtungen Diplombraumeister, Architektur sowie Landespflege, mit nur jeweils 3,33 % gesucht.

Nachstehende Tabelle beleuchtet nochmals im Einzelnen die Vielfältigkeit des Bedarfs der Befragten, wobei anzumerken ist, dass eine Mehrfachnennung von Studienrichtungen möglich war.

Studienrichtungen	Absolute Zahlen	Prozentzahlen
Wirtschaftswissenschaften	28	93,33 %
Wirtschaftsingenieurwesen	19	63,33 %
Informatik/ Wirtschaftsinformatik	16	53,33 %
Geistes- /Sozialwissenschaften	4	13,33 %
Ingenieurwissenschaften	20	66,67 %
Naturwissenschaften/ Mathematik	12	40,00 %
Jura	8	26,67 %
Sonstige Studienfächer:	3	10,00 %

Tabelle 10: Gefragte Studienrichtungen der Bewerber

- **Wie wichtig sind für Ihr Unternehmen die nachfolgend genannten persönlichkeitsbezogenen Einstellungskriterien?**

Das Eignungsprofil der Kandidaten wird anhand von berufsrelevanten Selektionskriterien überprüft, um Informationen über deren Qualifikationen zu erhalten. Durch einen Abgleich zwischen den Fähigkeiten des jeweiligen Bewerbers und dem Anforderungsprofil zu einer Traineestelle, erfolgt die Entscheidung über die Einstellung des Kandidaten. Die nachfolgend ausgewerteten Auswahlkriterien lassen sich in persönlichkeits- und studienbezogene Merkmale sowie ferner in Zusatzqualifikationen unterscheiden.

Die, durch die Befragten zu bewertenden, persönlichen Qualifikationseigenschaften der Bewerber lassen sich beinahe alle unter dem Oberbegriff der Handlungskompetenz zusammenfassen. Unter Kompetenz ist die Fähigkeit zu verstehen, in einer zu erwartenden Situation die Anforderungen durch Handeln zu erfüllen.

Die Handlungskompetenz beinhaltet somit die Fähigkeit unter Integration von Fach-, Methoden-, Sozial-, und Persönlichkeitskompetenz ganzheitlich selbstorganisiert zu handeln. Der Begriff Methodenkompetenz bezeichnet das Dasein von Fähigkeiten zum lösungsorientierten und strukturierten Vorgehen bei Problemstellungen. Die nachstehend vielfach geforderte Sozialkompetenz beschreibt das Vermögen Interaktionsprozesse auszuführen. Unter dem Vorhandensein von gewissen persönlichkeitsbezogenen Eigenschaften eines Menschen definiert sich die Persönlichkeitskompetenz.[51]

Die nachfolgende Darstellung illustriert die Wichtigkeit der persönlichkeitsbezogenen Einstellungskriterien nach Einstufung der Unternehmen, dargestellt am Gesamtdurchschnitt aller Angaben.

---

[51] Vgl. Mudra, P.: Personalentwicklung. Integrative Gestaltung betrieblicher Lern- und Veränderungsprozesse, München, 2004, S. 363 ff.

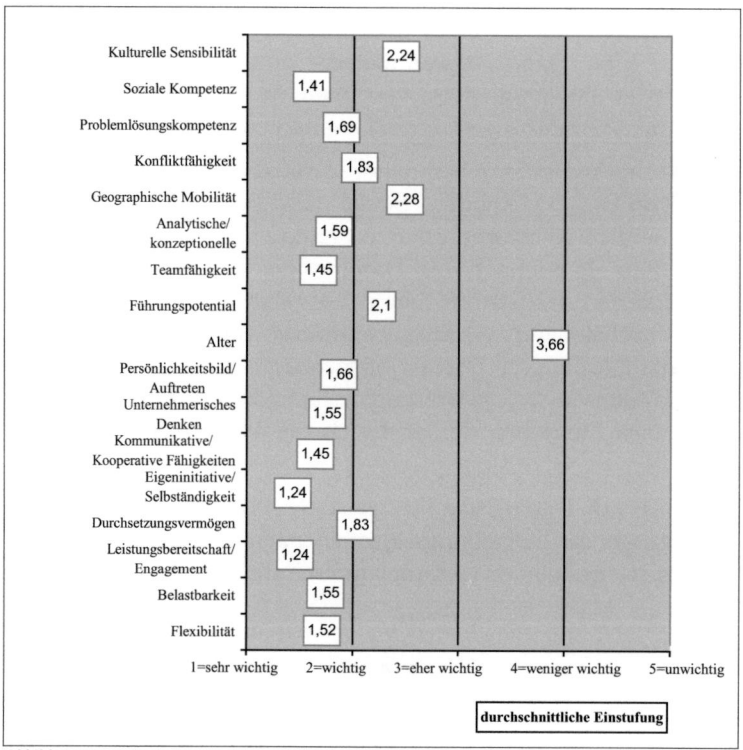

Kulturelle Sensibilität		2,24			
Soziale Kompetenz	1,41				
Problemlösungskompetenz	1,69				
Konfliktfähigkeit	1,83				
Geographische Mobilität		2,28			
Analytische/ konzeptionelle	1,59				
Teamfähigkeit	1,45				
Führungspotential	2,1				
Alter			3,66		
Persönlichkeitsbild/ Auftreten	1,66				
Unternehmerisches Denken	1,55				
Kommunikative/ Kooperative Fähigkeiten	1,45				
Eigeninitiative/ Selbständigkeit	1,24				
Durchsetzungsvermögen	1,83				
Leistungsbereitschaft/ Engagement	1,24				
Belastbarkeit	1,55				
Flexibilität	1,52				

1=sehr wichtig   2=wichtig   3=eher wichtig   4=weniger wichtig   5=unwichtig

durchschnittliche Einstufung

Abbildung 5: Wichtigkeit der persönlichkeitsbezogenen Einstellungskriterien

Die ausgewerteten Angaben lassen davon ausgehen, dass die Leistungsbereitschaft/ Engagement und die Eigeninitiative/Selbständigkeit der Kandidaten besonders bedeutsam sind. Bei beiden Merkmalen benannten ganze 75,86% der Befragten diese als „sehr wichtig" und immerhin 24,14% als „wichtig". Dem Alter der Hochschulabsolventen wird hingegen eine untergeordnete Rolle beigemessen. 34,48% bewerteten dieses Kriterium als „eher unwichtig" und sogar noch 20,69% als „unwichtig" ein. Ein möglicher Grund dafür kann in einer Bedeutungsverschiebung der Kriterien praktische Erfahrung und des Kriteriums Alter gesehen werden. Trainees mit Praktischer Erfahrung könnten heutzutage Vorteile gegenüber den jüngeren Mitbewerbern haben, was sich durch die nachfolgenden Fragen herausstellen wird.

Das Alter wurde als einziges persönlichkeitsbezogenes Einstellungsmerkmal überhaupt von Unternehmen als „unwichtig" eingestuft.

31

Diese Ergebnisse legen die Vermutung nahe, dass die Gesamtpersönlichkeit im Auswahlprozess der Trainees eine immense Rolle spielt.

- **Wie wichtig sind für Ihr Unternehmen die nachfolgend genannten studienbezogenen Einstellungskriterien?**

Am wichtigsten sind augenfällig die passenden Studienschwerpunkte/Fächerkombination der Bewerber in Bezug auf die zu besetzende Traineeposition für die Unternehmen. Eher indifferent stehen die Unternehmen dem Ranking der besuchten Hochschule als Einstellungskriterium gegenüber. Nachfolgende Abbildung stellt dies kurz dar:

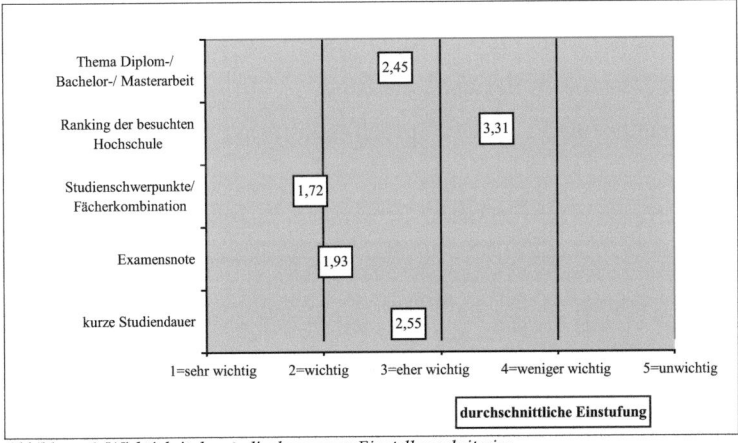

Abbildung 6: Wichtigkeit der studienbezogenen Einstellungskriterien

Die ausgewerteten Ergebnisse zeigen auf, dass die persönlichkeitsbezogenen Merkmale im Durchschnitt als wichtiger eingestuft wurden (1= sehr wichtig; 5 = unwichtig) als die studienbezogenen Merkmale der Bewerber:

- Persönlichkeitsmerkmale werden im Durchschnitt mit 1,69 bewertet

→ Einstufung der Unternehmen liegt zwischen „sehr wichtig" und „wichtig"

- Studienmerkmale werden im Durchschnitt mit 2,39 bewertet

→ Einstufung der Unternehmen liegt nur zwischen „wichtig" und „eher wichtig"

32

Von besonderer Bedeutung für die Bewerberauswahl sind somit persönlichkeitsbezogene Merkmale, obgleich diese nicht objektiv vergleichbar und quantifizierbar sind.

- **Wie wichtig sind Ihrem Unternehmen die nachfolgend genannten Zusatzqualifikationen der Bewerber?**

Aus der Auswertung der nachstehend dargestellten Angaben ergibt sich eine Rangliste, die wie folgt aussieht:

- Prioritätsstufe 1: Praktische Erfahrung/ Praktika
- Prioritätsstufe 2: Englischkenntnisse
- Prioritätsstufe 3: Auslanderfahrung
- Prioritätsstufe 4: Außeruniversitäres Engagement
- Prioritätsstufe 5: PC-/ IT Kenntnisse
- Prioritätsstufe 6: Berufsausbildung
- Prioritätsstufe 7: weitere Sprachkenntnisse

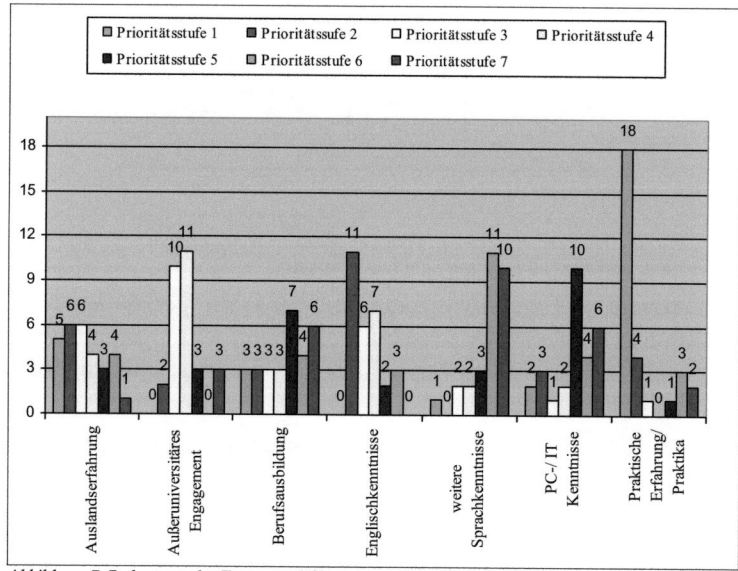

Abbildung 7: Bedeutung der Zusatzqualifikationen von Hochschulabsolventen

Ob ein Bewerber bereits Praktika absolviert hat bzw. erste Praktische Erfahrung im Berufsleben gesammelt hat, spielt gemäß den vorliegenden Angaben die mit Abstand wichtigste Rolle für die Unternehmen. Dies belegt die These, welche aus der Auswertung zu

Frage Nr. 12 aufkam. Indem von den Trainees bereits erste Berufserfahrungen erwartet werden, haben bereits ältere vorqualifizierte Kandidaten gute Chancen im Auswahlverfahren weiter zu kommen.

Die ausgewerteten Daten deuten darauf hin, dass sich die Befragten durch eine gezielte Rekrutierung der Trainees für die aufkommenden Herausforderungen durch die voranschreitende Internationalisierung wappnen wollen. Zum Einen, da an zweiter Prioritätsstufe das Vorhandensein von Englischkenntnissen genannt wird und zum Anderen, weil von den Firmen gerne auch eine bereits vorhandene Auslandserfahrung gesehen wird. Sensibilität im Umgang mit soziokulturellen Unterschieden und die Fähigkeit mit den unterschiedlichen Gegebenheiten umgehen zu können zählen zur interkulturellen Kompetenz. [52]

Die Verfasserin konnte an diesem Punkt feststellen, dass die Befragten im Vergleich zu ihren Angaben in Frage Nr.12 homogen antworteten. Interkulturelle Kompetenz wurde im Durchschnitt zwischen „wichtig" und „eher wichtig" eingeordnet. So ist die Einstufung der Auslandserfahrung an dritter Prioritätsstufe konform zu den vorab abgefragten Einstellungskriterien.

An eindeutig letzter Stelle steht für die Befragten die Zusatzqualifikation einer zweiten Fremdsprache neben Englischkenntnissen.

- **Wie ist die Dauer des Arbeitsverhältnisses Ihrer Trainees vertraglich vereinbart?**

Mit 48,28 % (14) vereinbaren fast die Hälfte der befragten Unternehmen Arbeitsverträge mit Ihren Teilnehmern, die auf die Programmdauer befristet sind. Einen unbefristeten Arbeitsvertrag vereinbarten mit 44,83% (13) nur unerheblich weniger Firmen. Eine derartige Vereinbarung stellt der Meinung der Autorin nach ein Vertrauensbeweis von Seiten der ausbildenden Arbeitgeber dar. Eine für die Unternehmen vorteilhaftere Variante ist es, die Trainees dazu zu verpflichten nach Abschluss des Programms eine gewisse Mindestzeit im Unternehmen zu verbleiben. Diese Möglichkeit der Vertragsgestaltung hat allerdings nur eines (3,45%) der befragten Unternehmen gewählt. Ebenfalls nur einmal (3,45%) gab ein Anbieter an, je nach Teilnehmer unterschiedliche Verträge vorzusehen.

---

[52] Vgl. Scholz, C.: Personalmanagement: informationsorientierte und verhaltenstheoretische Grundlagen, 5.Aufl., München, 2000, S. 531.

- **Existiert in Ihrem Hause eine Stellenbeschreibung zu jeder Traineeposition?**

Die Beschreibung der Ziele dieser kleinsten organisatorischen Einheit, der Stelle, ist der Zweck einer Stellenbeschreibung. Sie legt ausführlich fest, welche Aufgaben zur Zielerreichung der Stelle auszuführen sind, wo diese hierarchisch einzustufen ist, welche Qualifikationen notwendig sind und ferner gibt sie Aufschluss über die Wertigkeit der Stelle. Einstellungen sollten anhand eines Abgleichs zwischen dem Soll-Anforderungsprofil der Traineestelle und dem Qualifikationsprofil der Bewerber stattfinden. Dieses Vorgehen könnte Fehlbesetzungen, Frühfluktuation sowie Leistungsdefizite durch die Demotivation der Traineees vermeiden.[53]

Des Weiteren liefert eine realistische Stellenbeschreibung einen bedeutenden Beitrag zur erfolgreichen Eingliederung der Trainees.[54]

Wie bedeutsam die Existenz einer Stellenbeschreibung ist, haben 66,6% (20) der befragten Firmen erkannt. Immerhin ein drittel (10) der Unternehmen wenden diese fundamentale Informationsquelle noch nicht an.

- **Wie hoch ist das Bruttojahresgehalt eines Trainees in Ihrem Hause?**

Das Bruttogehalt der Trainees bewegt sich, laut den Angaben der Befragten, zwischen 25.000€ und mehr als 45.000€ pro Jahr. Wobei mit 42,31% der größte Teil der Unternehmen eine Vergütung zwischen 40.000€ und 43.000€ bezahlt. Im Gesamtdurchschnitt aller Angaben verdient ein Trainee 43.770€ pro Jahr.

[53] Vgl. Becker, M.: Personalentwicklung, Bildung, Förderung und Organisationsentwicklung in Theorie und Praxis, 3.Aufl., Stuttgart, 2002, S.

[54] Vgl. Kühngrün, K.: Integration und Einarbeitung von Mitarbeitern am Beispiel Trainee-Programm, Praxisbeispiele, Unternehmensziele, Zielerreichung, Wissenschaftliche Hausarbeit, Hamburg, 2002, S. 32.

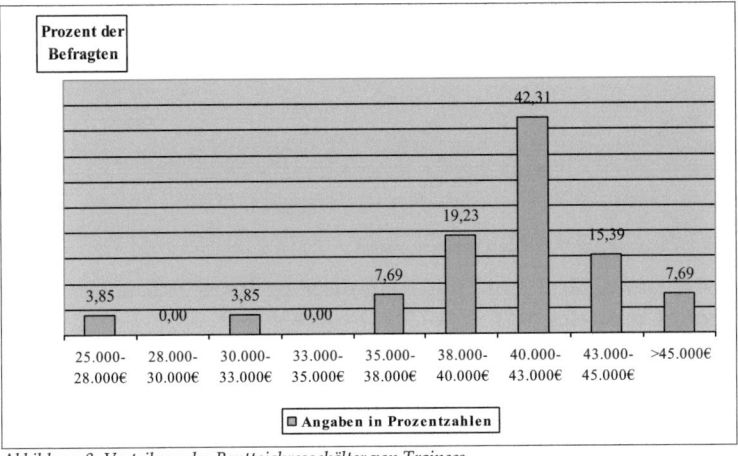

Abbildung 8: Verteilung der Bruttojahresgehälter von Trainees

- **Handelt es sich bei dem zuvor genannten Jahresgehalt der Trainees um eine exakte oder durchschnittliche Angabe?**

Die Gehälter wurden bei 12 der Unternehmen exakt angegeben, was eine Quote von exakt 40% darstellt. Dem gegenüber gaben 18 der Untersuchten an, bei der vorangegangenen Frage, durchschnittliche Werte genannt zu haben.

- **Variiert das Gehalt Ihrer Trainees je nach Hochschulabschluss bzw. Qualifikation?**

Nach Angaben von 56,67% der Unternehmen erhalten alle Trainees die gleiche Vergütung. Qualifikations- oder Abschlussabhängige Gehälter werden von 43,33% der Befragten gezahlt. Eine Entwicklung hin zur Individuellen Betrachtung der Trainees ist hierdurch bereits deutlich erkennbar.

- **Wie viele Jahre existiert bereits ein Traineeprogramm in Ihrem Hause?**

Im Durchschnitt bestehen die Programme der Befragten bereits seit 10,8 Jahren. Erstaunlich ist, der Meinung der Autorin nach, die Tatsache wie frühzeitig bereits einige der Unternehmen ihre Traineeprogramme einführten. Was diese auch einen zufriedenstellenden Erfahrungsschatz unterstellen lässt. In der nachfolgenden Darstellung werden die Jahre der Existenz in Klassen kategorisiert, um so die Übersichtlichkeit zu fördern.

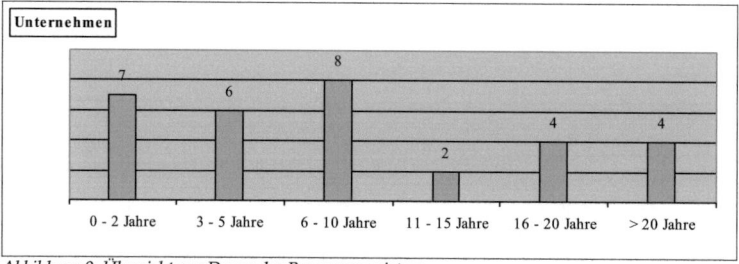

Abbildung 9: Übersicht zur Dauer der Programmexistenz

- **Ist die Dauer aller Ausbildungsbausteine Ihres Traineeprogramms festgelegt?**

Die Traineeprogramme der Vergangenheit waren vollwertig standardisiert. Dies bedeutete, dass alle Trainees ungeachtet ihres Werdegangs und ihrer späteren Zielposition, exakt die gleichen Stationen zu durchlaufen hatten. Dass die Unternehmen mittlerweile von dieser „schematischen Rund-um-die-Firma-Tour"[55] weggekommen sind, ist aufgrund der ausgewerteten Zahlen jedoch noch nicht feststellbar. Einer Festlegung der Dauer der Ausbildungsbausteine bedienen sich 63,33% der Befragten. Dagegen ist eine Flexibilität lediglich bei 36,67% vorhanden.

- **Unterliegt die Programmgestaltung in Ihrem Unternehmen einem festen Ablauf der Ausbildungsstationen?**

Eine Entwicklung hin zur individuellen Programmgestaltung in Stationen und Abläufen des Programms ist zwar erkennbar, jedoch mit lediglich 44,83% nicht überwiegend. Mit einer standardisierten Folge in den Programmstationen arbeiten demgegenüber 55,17% der Befragten.

- **Orientiert sich die Programmgestaltung in Ihrem Hause an den Fähigkeiten der Trainees?**

Anders als bei den beiden vorhergehenden Fragen, die einen hohen Grad an Standardisierung bei den Unternehmen erkennen lässt, verhält es sich mit den Inhalten des Programms. Ganze 86,67% (26) gaben an, dass sich die Programmgestaltung, die ein Trainee durchläuft, an seinen Fähigkeiten orientiert. Dem gegenüber ist der Programmablauf bei nur 13,33 % (4) der Befragten unabhängig vom Können der Programmteilnehmer.

---

[55] Vgl. http://berufsstart.de/karrieretips/beitraege/text_trainee.html, 26.12.2007, 14:20 Uhr.

- **Wie lange ist die Dauer Ihres Traineeprogramms?**

Die Unternehmen gaben eine Programmdauer zwischen 12 und 36 Monaten an. Mit 23,33% wurde am häufigsten 12 Monate genannt, dicht gefolgt von 24 Monaten mit 20%. Wobei der Gesamtdurchschnitt aller Befragten bei 17,4 Monaten liegt. Diese Zahlen decken sich mit den Erhebungsdaten des Staufenbiel Instituts aus dem Jahre 2001. In dieser Studie wurde festgestellt: „Am häufigsten werden Trainee-Programme mit einer Dauer von 12 [...] und 18 Monaten [...] angeboten."[56]

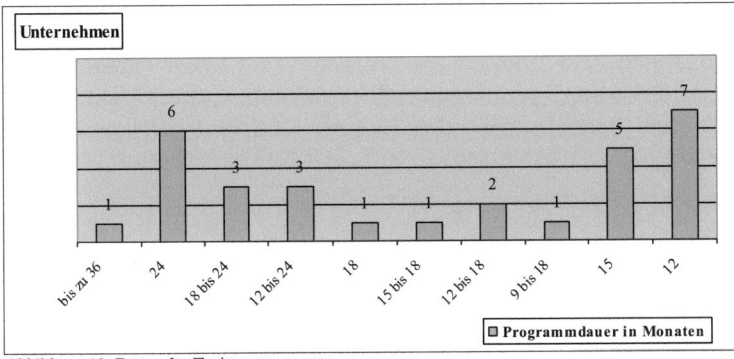

Abbildung 10: Dauer der Traineeprogramme

- **Gibt es einen festen Starttermin für Ihr Programm?**

Die Flexibilität beim Programmstart halten sich mit 13 Nennungen 43,33% der Unternehmen vor. Dagegen haben 17 der Befragten einen festen Starttermin vorgesehen, was 56,67% entspricht.

- **Wer ist für die Durchführung/Organisation der Traineeausbildung verantwortlich?**

Wie wichtig der Geschäftsleitung der Erfolg des hauseigenen Traineeprogramms ist, lässt sich auch daran messen, wie hoch die Verantwortlichen der Organisation dieser Ausbildung in der Hierarchie des Unternehmens angesiedelt sind. Zum Teil sind, nach Angaben der Befragten, auch mehrere Personen für die Durchführung verantwortlich.

---

[56] Institut für Organisation und Personal der Universität Bern und Staufenbiel Institut für Studien und Berufsplanung GmbH: Zusammenfassung der Erhebung über Ausbildungs- und Traineeprogramme für Wirtschaftswissenschaftler, Köln, 2001, S.2.

Wie sich dies genau gestaltet zeigt die nachstehende Tabelle auf, in welcher Mehrfachnennungen der Befragten enthalten sind:

Organisationsverantwortlicher	Absolute Zahlen	Prozentzahlen
Geschäftsleitung	5	16,67 %
Personalabteilung	24	80,00 %
Hauptberuflicher Traineeprogramm-beauftragter	11	36,67 %
Sonstige Person	4	13,33 %

Tabelle 11: Durchführungsverantwortliche des Programms

Zur Sonstigen Person gaben die Befragten den Leiter Personalmarketing/ Recruiting, den Mentor, Personalentwicklung gemeinsam mit Mentor (Bereichsleiter) des Fachbereichs und direkter Vorgesetzter an.

- **Wer ist für die Betreuung der Trainees verantwortlich?**

Nach Homers „Odysee" war Mentor, als Vertrauter von Odysseus, während dessen Abwesenheit in der Ferne, für die Betreuung seines Sohns Telemach verantwortlich.[57] Die Ursprüngliche Bedeutung wurde zu einem Synonym für den väterlichen Freund.[58]

Seit den 80iger Jahren erkannten Europäische Firmen die positive Wirkung eines Mentoren auf die persönliche Entwicklung sowie die beruflichen Kompetenzen der sog. Mentees. Als Funktionen von Mentoring lassen sich somit psychosoziale wie auch Karrierefunktionen feststellen.[59]

So alt das Prinzip des Mentoring ist, so wichtig ist es auch für ein erfolgreiches Onboarding[60] jeden Trainees.

Immerhin 86,67% der Untersuchten gaben an, dem Trainee einen Mentor aus der Fachabteilung oder Führungsebene zur Seite zu stel-

---

[57] Vgl. Haasen, N.: Mentoring, Persönliche Karriereförderung als Erfolgsrezept, München, 2001, S. 8.

[58] Vgl. Schuler, H.: Lehrbuch der Personalpsychologie, Göttingen, Bern, Toronto, Seattle, 2001, S. 227.

[59] Vgl. Kühngrün, K.: Integration und Einarbeitung von Mitarbeitern am Beispiel Trainee-Programm, Praxisbeispiele, Unternehmensziele, Zielerreichung, Wissenschaftliche Hausarbeit, Hamburg, 2002, S. 38.

[60] Unter Onboarding, sind Maßnahmen zur Integration neuer Mitarbeiter und deren emotionale Bindung an das Unternehmen in den ersten 12 Monaten der Betriebszugehörigkeit zu verstehen.

len. Die Unternehmen gaben folgenden Verantwortlichen als Betreuer der Trainees an, wobei auch hier Mehrfachnennungen möglich waren:

Betreuungsverantwortlicher	Absolute Zahlen	Prozentzahlen
Mentor aus Fachabteilung	15	50,00 %
Mentor aus der Führungsebene	11	36,67 %
Leiter der jeweiligen Einsatzabteilung	12	40,00 %
Personalabteilung	26	86,67 %
Es gibt keinen Betreuungsverantwortlichen	0	0 %
Sonstiger Verantwortlicher	5	16,67 %

Tabelle 12: Betreuungsverantwortlicher der Trainees

Zu den sonstigen Verantwortlichen gaben die Unternehmen den Leiter des Personalmarketing/ Recruiting, die jeweilige Führungskraft in den diversen Abteilungen, ferner einen Personalentwickler in Zusammenarbeit mit dem Bereichsleiter des Fachbereichs an.

Die Verfasserin möchte an dieser Stelle anmerken, wie überaus fortschrittlich sich die Unternehmen dargestellt haben. Ausnahmslos alle der befragten Unternehmen gaben an, den Trainees einen Verantwortlichen für deren Betreuung zur Seite zu stellen.

- **Wem untersteht die Kostenplanung für das Programm?**

Investitionen in Personalentwicklungsmaßnahmen stellen Humankapitalanlagen dar. Die Erfolgskontrolle des geldwerten Nutzens von Entwicklungsprogrammen ist sehr komplex, da meistens nur die Auszahlungen der Kostenrechnung zurechenbar sind, nicht aber die entwicklungsbedingten Einzahlungen. Somit ist es unabdingbar einen Kostenverantwortlichen zu benennen, welcher zumindest einen Überblick über alle Aufwendungen hat, die in direkter Verbindung mit der Ausbildung der Trainees stehen.

Die Einstufung des Beitrags eines Traineeprogramms als Instrument der Personalentwicklung zu den Unternehmenszielen, kann allerdings lediglich durch ein umfassendes Bildungscontrolling gewährleistet werden. [61]

Die Unternehmen haben die Kostenplanung des Programms unter folgende Verantwortung gestellt:

- 5 gaben die Verantwortung durch die Fachabteilung an (16,67 %)

- 1 gab die Verantwortung durch die Geschäftsleitung an (3,33 %)

- 21 gaben die Verantwortung durch die Personalabteilung an (70,00 %)

- 9 gaben die Verantwortung durch den Hauptberuflichen Traineebeauftragen an (30,00 %)

- 4 gaben einen sonstigen Verantwortlichen an (13,33 %)

Als sonstiger Verantwortlicher wurden ein nebenberuflicher Traineeprogramm-Verantwortlicher, der Leiter Personalmarketing/ Recruiting, die Fachabteilung und der direkte Vorgesetzte angegeben.

- **Wie würden Sie Ihr Programm klassifizieren?**

Es werden insgesamt 54,76% der Programme ressortübergreifend angeboten, damit sich die Hochschulabsolventen einen breiten Überblick über das Gesamtunternehmen verschaffen können. Dem gegenüber bieten 42,86% der Befragten ressortbegrenzte Programme an, um ihre Trainees in einem speziellen Fachgebiet auszubilden.

Programmtypen	Absolute Zahlen	Prozentzahlen
Standardisiertes ressortübergreifendes Programm	6	21,43 %
Standardisiertes ressortübergreifendes Programm mit einer Spezialisierungsphase	10	33,33 %
Ressortbegrenztes Programm mit einer Spezialisierungsphase	12	42,86 %

Tabelle 13: Klassifikation der Programmtypen

---

[61] Vgl. Oechsler, W.: Personal und Arbeit, Grundlagen des Human Resource Management und der Arbeitgeber-Arbeitnehmer-Beziehung, 8.Aufl., München, 2006, S. 529.

- **Falls Ihr Unternehmen ressortbegrenzt ausbildet, in welchen Bereichen werden die Traineeprogramme angeboten?**

Die Verteilung der Bereiche, in denen die Unternehmen ressortbegrenzt ausbilden, wird anhand des nachstehenden Diagramms illustriert:

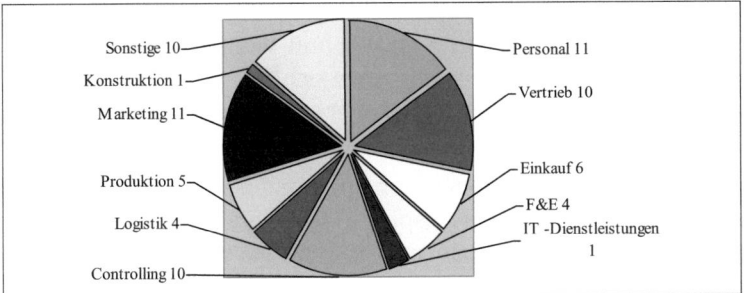

Abbildung 11: Ressortbegrenzte Ausbildungsbereiche

Unter der Kategorie „Sonstige Unternehmensbereiche" gaben die Unternehmen Anzeigenverkauf, Betriebsorganisation und Konzernentwicklung, Media, Bankspezifische Unternehmensbereiche, Service und Vertrieb, Finanzen,

Rückversicherung, Hochbau-Städtebau- Straßenbau und zu guter letzt Immobilien- Asset Management an, als einen Ausbildungsbereich in ihrem Unternehmen.

- **Welche der nachstehend genannten Instrumente sind Bestandteile der Ausbildung Ihrer Trainees?**

Über Funktion sowie mögliche Position die der Trainee, bei systematischer Vorbereitung langfristig erreichen könnte, geben Potentialanalysen Aufschluss.[62] Diese wenden acht der Befragten Unternehmen mehr als einmal und 20 einmal während des Programms an.

Die temporäre Zuordnung von Trainees zu spezifischen Projekten wird immer mehr praktiziert. Dies dient unter anderem der persönlichen Weiterentwicklung, da die Aneignung von Fachwissen, die

---

[62] Vgl. Scholz, C.: Personalmanagement: informationsorientierte und verhaltenstheoretische Grundlagen, 5.Aufl., München, 2000, S. 516.

kognitive und emotionale Intelligenz, methodisches Vorgehen sowie Phantasie und Kreativität dadurch gefördert werden kann. [63]

Des Weiteren sehen 60% der Unternehmen einen Einsatz in ausländischen Tochtergesellschaften bzw. Niederlassungen vor. Für 10% dieser Unternehmen ist der Auslandsaufenthalt sogar mehr als einmal Teil des Programms. Da hierbei die Sprachkenntnisse sowie die Fähigkeit sich mit neuen Situationen und in fremden Kulturen zurechtzufinden und zu integrieren geschult werden, sollte dies beibehalten werden. Welche Lernprozesse sich für die Trainees aus der partizipativen Integration in Projekte ergeben können haben bis auf ein Unternehmen alle erkannt.

Ebenso gaben 55,17% der Befragten an, dass Fallstudien, welche die Realität anhand von Praxisbeispielen simulieren, ein Personalentwicklungsinstrument im Traineeprogramm darstellt.

Hierbei können die Trainees die Selbständigkeit erproben, die nach Beendigung des Programms von ihnen gefordert werden wird. Mitbestimmung und Selbständigkeit motivieren die Teilnehmer ohne Druck von Außen zum Lernen.

Die Grundidee eines effizienteren Weges der Ausbildung durch den Einsatz von Multimedia Selbstlernmodulen haben sich bisher nur 32% Unternehmen zu Eigen gemacht. Begleitet von Kostensenkung, unternehmensweitem Vorhandensein von Expertenwissen und der Steigerung der Flexibilität bietet dieses Werkzeug einige Vorteile.[64]

Wie viele Unternehmen welche Instrumente in ihrer Ausbildung anwenden zeigt die nachstehende Darstellung auf:

---

[63] Vgl. Scholz, C.: Personalmanagement: informationsorientierte und verhaltenstheoretische Grundlagen, 5.Aufl., München, 2000, S. 514.

[64] Vgl. Scholz, C.: Personalmanagement: informationsorientierte und verhaltenstheoretische Grundlagen, 5.Aufl., München, 2000, S. 526.

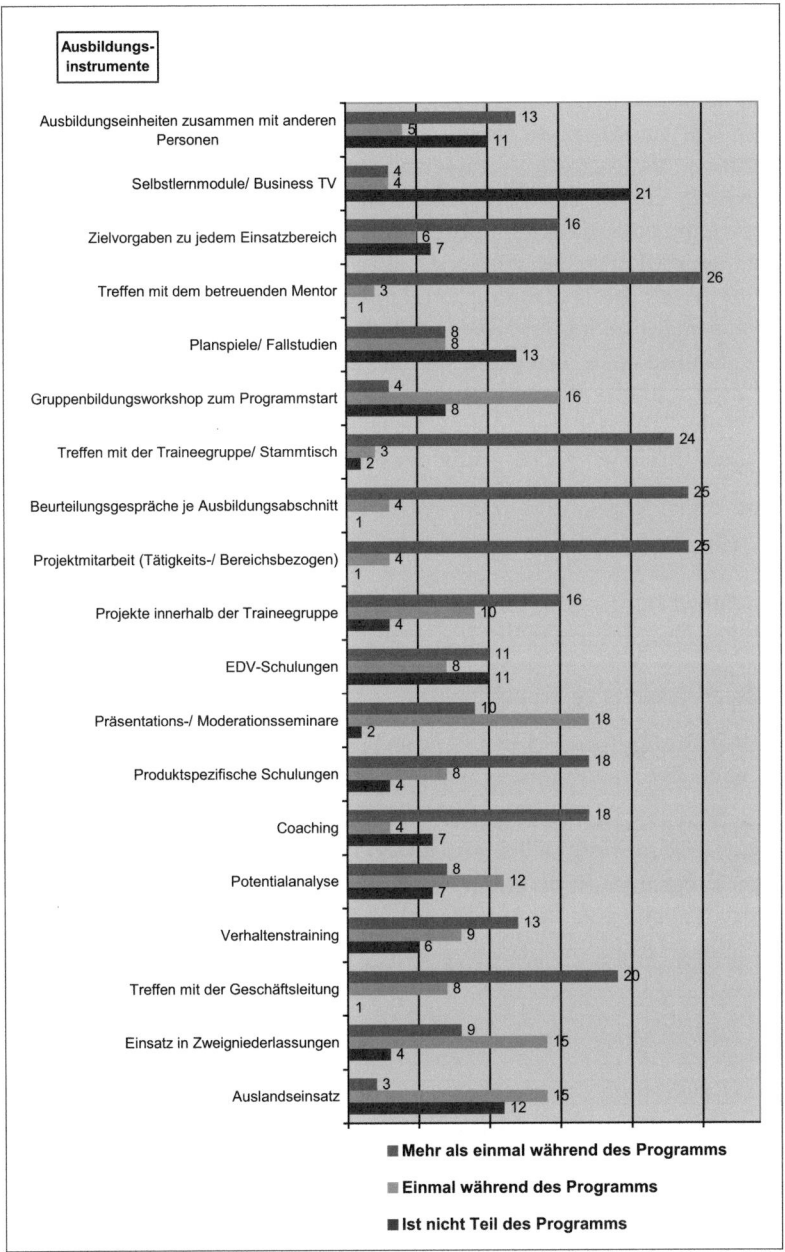

Abbildung 12: Bestandteile des Traineeprogramms

- **Wie viel Prozent der ausgebildeten Trainees werden am Ende des Programms erfahrungsgemäß übernommen?**

Die Spannweite der Unternehmensangaben reichte von einer 100%-igen Übernahmequote bis hin zu lediglich 25%. Diese geringe Übernahmequote lässt die Verfasserin vermuten, dass das Unternehmen entweder im Recruitmentprozess nicht die passenden Kandidaten auswählt, oder dass das Programm einem anderen Ziel dient, als Nachwuchskräfte zu gewinnen. Die Frage ob die Trainees selbst keine Weiterbeschäftigung im Unternehmen wünschen bleibt an dieser Stelle auch offen. Der ermittelte Durchschnitt liegt bei 94,23% der Trainees, die erfahrungsgemäß nach Programmende von den Befragten übernommen werden. In der unten stehenden Darstellung wird die Übernahmequote zu sechs Größenkategorien zusammengefasst, um eine Verbesserung der Übersichtlichkeit zu erreichen.

Klassifikation der Übernahmequote	Absolute Zahlen	Prozentzahlen
zwischen 100% und 91%	23	76,67 %
Zwischen 90% und 80%	6	20,00 %
25%	1	3,33 %

Tabelle 14: Übernahmequote nach Programmende

- **Welche Zielposition ist für die Trainees in Ihrem Unternehmen nach der Absolvierung des Programms vorgesehen?**

Die Einsatzvielfalt ehemaliger Trainees in den Unternehmen ist mannigfaltig. Welche Zielpositionen die Befragten im Einzelnen für Ihre Programmabsolventen vorgesehen haben, zeigt die nachfolgende Tabelle auf. Auch an dieser Stelle waren Mehrfachnennungen möglich.

Stellenbezeichnung	Absolute Zahlen	Prozentzahlen
Qualifizierte Sachbearbeitung	6	20,00 %
Anspruchsvolle Fachaufgabe	23	76,67 %
Führungsposition	11	36,67 %
Zielposition ist unbestimmt	7	23,33 %
Sonstige Position	4	13,33 %

Tabelle 15: Übersicht zu den Zielpositionen der Trainees

Zu den vier sonstigen Positionen nannten die Unternehmen die Referententätigkeit, Nachwuchsführungsposition, Teilnahme am Management Programm zur weiteren Vorbereitung auf Führungsaufgaben oder anspruchsvolle Fachaufgaben.

- **Werden die Trainees Ihres Unternehmens nach Beendigung des Programms weiterhin gefördert und entwickelt?**

Personalentwicklungsmaßnahmen sind von 93,33% der Unternehmen auch über das Traineeprogramm hinaus vorgesehen. Lediglich zwei der Befragten Firmen (6,67%) beenden die Förderung Ihrer Trainees mit der Absolvierung des Programms. Dieses Ergebnis wurde durch die Autorin begrüßt, da es den Gedanken der ganzheitlichen Personalentwicklung unterstreicht.

- **Wie wichtig sind Ihrem Unternehmen die nachstehend aufgeführten Ziele in Bezug auf Ihr Traineeprogramm?**

Als ihnen sehr wichtig gaben 66,67% der Befragten „die Steigerung der Unternehmensattraktivität für Hochschulabsolventen" an. Dicht gefolgt von der „Deckung des Bedarfs an Führungskräftenachwuchs/ Entwicklung aus den eigenen Reihen" von 63,33%, als sehr wichtig benannt. Das vorliegende Ergebnis der Auswertung zu den Zielen bestätigt somit, dass sich Unternehmen durch ein Traineeprogramm zukünftige Führungskräfte heranziehen möchten.

Alle der genannten Ziele wurden von den Befragten im Gesamtdurchschnitt im Bereich zwischen sehr wichtig und wichtig eingestuft. Lediglich zwei Unternehmen gaben jeweils bei der „Potentialeinschätzung der Trainees während des Programms" und der „Verbesserung der sozialen Kompetenz der Trainees" die Kategorie weniger wichtig an.

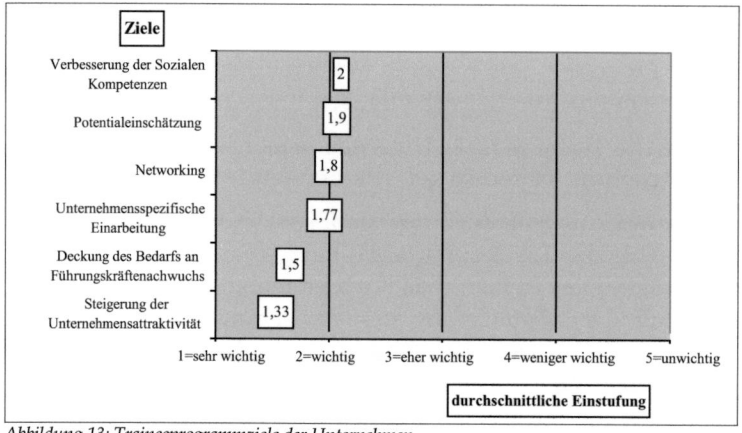

Abbildung 13: Traineeprogrammziele der Unternehmen

- ## Wie wird in Ihrem Unternehmen der Erfolg des Traineeprogramms gemessen?

Die Traineeprogrammanbieter werden einerseits durch hohe Kosten und den dadurch entstehenden Kostendruck sozusagen gezwungen, die Effekte der Maßnahmen nachzuweisen, um so die Effizienz der Programme deutlich zu machen. Andererseits „beschränkt sich der Horizont oft auf kurzfristige instrumentelle Rezepthoffnungen, die langfristige, strategische Konzepte eher erschweren"[65] , wie die ausgewerteten Daten darlegen.

Es lassen sich nur auf Grund einer systematischen Evaluation[66] Aussagen über den Erfolg einer Traineeausbildung treffen. Im Allgemeinen bezieht sich eine solche, rational geleitete Bewertung auf die Wirksamkeit, Effektivität, Angemessenheit und den Aufwand des Traineeprogramms.[67]

Es lässt vermuten, dass viele Unternehmen die Bedeutung erkannt haben, diese aber erst ein geeignetes Evaluationsinstrument finden müssen.

---

[65] Faulstich, P.: Strategien der betrieblichen Weiterbildung, München, 1998, S.203.

[66] Unter Evalutation, ist hier der Prozess der Wertbeurteilung von Produkten, Prozessen oder Programmen zu verstehen.

[67] Vgl. Gulden, H.: Evaluation von Traineeprogrammen als Alternative zur klassichen Form des Berufseinstiegs, Betrachtung aus Firmen- und Studentensicht, Mering, 1996, S. 197.

Eines nutzenorientierten Rentabilitätscontrollings in Form einer Kosten-Nutzen-Rechnung bedienen sich lediglich fünf der Befragten. Dieses dient dem Zweck, die Wirtschaftlichkeit der Bildungsmaßnahme Traineeprogramm zu bestimmen.

Obwohl keines der befragten Unternehmen angab keinen Kostenverantwortlichen zu haben, führen insgesamt 82,76 % keine Kosten-Nutzen-Rechnung durch, sondern bedienen sich lediglich der nachstehend aufgeführten Indikatoren.

Dieser unzugängliche Umgang mit der Frage des Erfolgs bzw. der Rentabilität eines solchen Programms scheint symptomatisch zu sein.

Die nachfolgende Tabelle zeigt unter Mehrfachnennung die Angaben der Befragten:

Erfolgskriterien	Absolute Zahlen	Prozentzahlen
Subjektive Zufriedenheit	19	65,52 %
Mitarbeiterbefragung	9	31,03 %
Kosten-Nutzen/ Kosten-Erfolgs-Rechnung	5	17,24 %
Position von ehemaligen Trainees im Unternehmen	17	58,52 %
Leistungsbeurteilung der Trainees während der Ausbildungszeit	24	82,76 %
Fluktuationsquote ehemaliger Trainees	18	62,07 %
Sonstige Maßstäbe	5	17,24 %

Tabelle 16: Maßstäbe für den Erfolg des Traineeprogramms

In der Frage Nr.31, zu den Ausbildungsbestandteilen, gaben 25 Unternehmen an mehrmals während des Programms, je Ausbildungsabschnitt, Beurteilungen durchzuführen. Diese Angabe deckt sich mit den 24 Befragten, welche nun Angaben diese Größe als Erfolgsmaßstab anzusetzen. Zu den fünfmal genannten „Sonstigen Maßstäben" nannten die Firmen:

- Bedarfsanfrage der Traineekandidaten vor Abschluss des Traineeprogramms durch die Fachabteilungen

- Kosten-Nutzen Rechnung nur auf Geheiß der Geschäftsführung, da das Programm noch zu neu ist wurde noch keine strukturierte Umfrage durchgeführt

- Staatsprüfung sowie Assessment Center zu vereinbarten Transferzielen genannt.

- **Aussage: "Ein Absolvent eines Traineeprogramms hat einen Karrierevorteil gegenüber einem Direkteinsteiger."**

Erstaunlicherweise waren sich die Unternehmen sehr uneinig bei der Frage nach einem bestehenden Karrierevorteil. 41,38% der Befragten sind der Meinung, dass ein Trainee ggü. einem Direkteinsteiger einen Vorteil in Bezug auf seinen Karriereweg innehat. Dem entgegengesetzt verneinten 24,14% diesen Vorteil. Ganze 34,48% stehen neutral zu dieser Aussage bzw. sind sich einfach nicht sicher, wie sie dieses Statement einschätzen sollen. Es ist nicht überraschend, dass die Befragten derart zwiespältig gegenüber dieser Aussage eingestellt sind. Durch die Vielfältigkeit der Zielbestimmungen eines Traineeprogramms, wie z.B. Aufbau eines Unternehmensinternen Netzwerkes oder eine Unternehmensspezifische Einarbeitung, sind klare Profilbildungen der Bewerber gegenüber einer anderen Berufseinstiegsform kaum möglich. Daraus folgt die Unmöglichkeit unterschiedliche Laufbahnplanungen für Trainees und andere Berufseinstiegsgruppen zu formulieren. Nach Meinung der Autorin ist dies auch der einzig faire Weg ggü. allen Mitarbeitern eines Unternehmens. Es kann nicht sein, dass Trainees einen Einstieg gewählt haben, der einen Karriereerfolg zu garantieren vermag. Dem ungeachtet bedeutet dies aber dennoch, dass Trainees darauf vertrauen dürfen sollten, dass für sie per se keine Limitierung der Karrierechancen existiert.

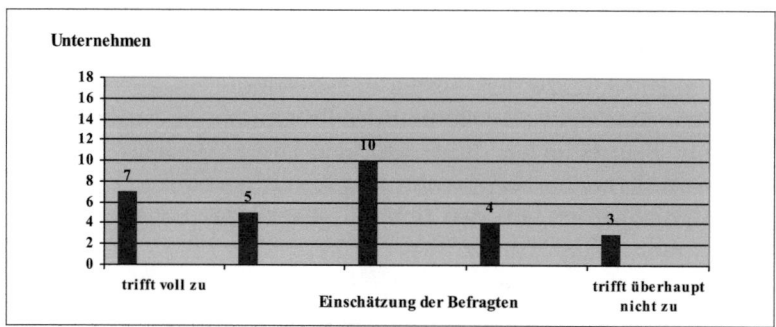

Abbildung 14: Einschätzung des Karrierevorteils von Trainees

- **Aussage: "Die Dauer eines Traineeprogramms wird sich in Zukunft verkürzen."**

Mehr als zwei Drittel (68,97%) der Befragten vermuten, dass sich die Dauer der Traineeprogramme in Zukunft nicht verkürzen wird. Nur vier Unternehmen (13,79%) tippen auf eine Verkürzung der Programmdauer in der Zukunft. Dies lässt vermuten, dass der Faktor Kosten oder aber auch eine zunehmende Individualisierung der Programminhalte und somit eine gezieltere Vermittlung von Wissen, zur Verkürzung der Programme, bei diesen vier Befragten, führen könnte. 17,24% waren sich nicht sicher bei Ihrer Einschätzung und wählten die neutrale Mitte.

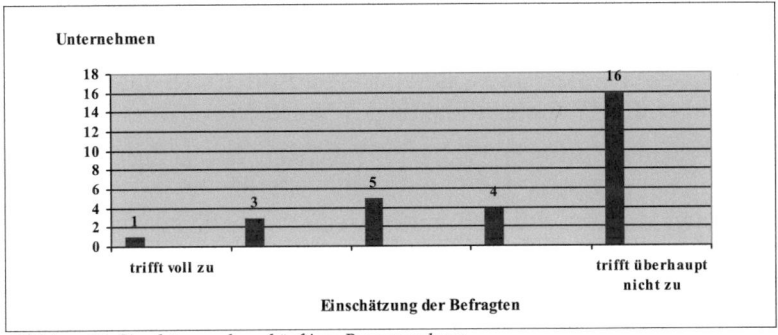

Abbildung 15: Einschätzung der zukünftigen Programmdauer

- **Aussage: " Trainees haben unrealistisch hohe Erwartungen an ihre mittelfristige Karrierentwicklung:"**

Dass unrealistische Erwartungen seitens der Trainees entstehen können, wie von fast der Hälfte der Befragten (48,28%) so eingeschätzt, ist nachvollziehbar. Zum Teil beteuern die werbenden Firmen den engagierten Jungakademikern schnelle Karrieren, obwohl eindeutig ist, dass diese Entwicklung nicht jedem Trainee garantiert werden kann.[68]

Folgen sind Unzufriedenheit und Frühfluktuation nach Abschluss des Programms. Ein mögliches Entgegenwirken könnte durch Unterrichtseinheiten der High-Potentials-Gruppe zusammen mit anderen Personalgruppen stattfinden. Wie in Frage Nr.31, zu den Aus-

---

[68] Vgl. Gulden, H.: Evaluation von Traineeprogrammen als Alternative zur klassischen Form des Berufseinstiegs, Betrachtung aus Firmen- und Studentensicht, Mering, 1996, S. 18.

bildungsbestandteilen des Traineeprogramms, machen sich diese Möglichkeit immerhin 62,07% der Befragten zu Eigen.

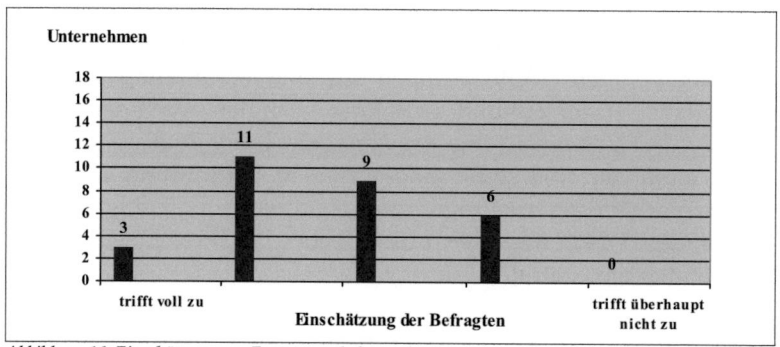

Abbildung 16: Einschätzung zur Erwartungshaltung der Trainees

- **Aussage:" Direkt-/ und Quereinsteiger fühlen sich häufig gegenüber den "Premium-Einsteigern" zurückgesetzt."**

Es besteht eine diffizile Widersprüchlichkeit darin, dass Traineeprogramme einerseits als Premium-Eintritt für Nachwuchskräfte angeboten werden und sich andererseits die zahlenmäßig größere Gruppe der Direkt- oder Quereinsteiger nicht zurückgesetzt fühlen soll. Somit ist es unabdingbar anderen Berufseinsteigergruppen zu vermitteln, dass Traineeprogramme nur ein Weg von vielen zur Förderung von Nachwuchskräften ist und ferner, dass Trainees keine ungerechtfertigten Vorzüge genießen.[69]

Die Schwierigkeit eines solchen Drahtseilaktes spiegelt sich auch in der Auswertung der Antworten wider. 46,43% der Befragten sind der Meinung, dass sich Direkteinsteiger nicht zurückgesetzt fühlen. Die restlichen Unternehmen waren unschlüssig (25%) oder schätzen die Situation sogar so ein, dass sich Berufseinsteiger außerhalb eines Traineeprogramms zurückgesetzt fühlen (28,57%).

---

[69] Vgl. http://www1.dgfp.com/dgfp/data/pages/DGFP_e.V/Produkte_-_Dienstleistungen/Zeitschrift_Personalfuehrung/Jahrgang_2004/Ausgabe_8_04/FB1_8_04.php, 12.11.2007, 14:30 Uhr.

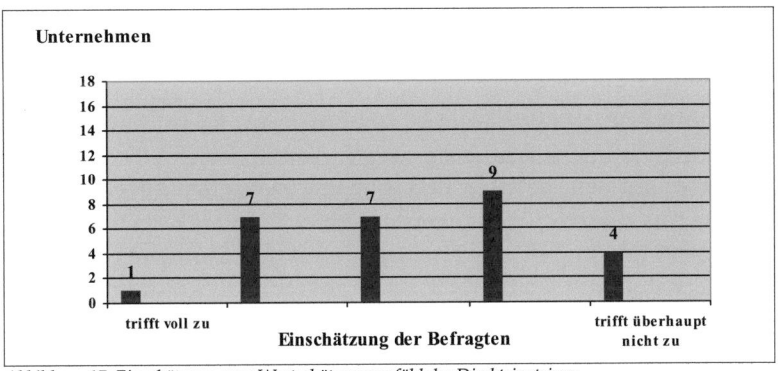

Abbildung 17: Einschätzung zum Wertschätzungsgefühl der Direkteinsteiger

6. Schlussbemerkung und Ausblick

Allgemeiner Einstieg

Der Berufseinstieg über ein Traineeprogramm, ist gesamt gesehen eine attraktive und interessante Möglichkeit für einen Hochschulabsolventen, auf einer soliden und vielversprechenden Grundlage zu starten. Aus diesem Grund werden diese wohl auch weiterhin für einen bestimmten Teil der einstiegssuchenden Studenten attraktiv bleiben. Wenn sich ein Student schon im Laufe des Studiums nachhaltig in eine Richtung orientiert hat, so bietet ein Ressortbegrenztes Programm im entsprechenden Unternehmensbereich die Chance, einen Einstieg innerhalb eines breiten Funktionsspektrums zu finden.

Bei ressortübergreifenden Traineeprogrammen dagegen besteht die Gefahr, von Studenten als Berufseinstieg gewählt, die sich noch unschlüssig sind über ihre berufliche Zukunft. Für Einsteiger, die sogleich eigenverantwortlich in ihrem Zielbereich arbeiten möchten, könnte die Traineeausbildung hingegen als Warteschleife empfunden werden und zur Demotivation führen. Diese Aussage kann allerdings nicht mit großer Sicherheit getroffen werden, da diese Studie auf die einseitige Sichtweise der Unternehmen eingeschränkt ist. Die zusätzliche Einbeziehung der Traineesicht bzw. aus Sicht von Programmabsolventen könnte noch wesentliche Erkenntnisse hierzu liefern.

Die Autorin vermutet auch, dass auf Grund der fehlenden Reglementierung von Traineeprogrammen einzelne Firmen aus Gründen der Imagesteigerung bzw. Nachwuchsgewinnung, Pseudo-Programme anbieten. Dies bedeutet für die Bewerber, dass sie sich gründlich über den Qualitätsanspruch des Traineeprogramms informieren sollten bevor sie sich für einen zukünftigen Arbeitgeber entscheiden.

Aussagen zur Wirtschaftlichkeit von Traineeprogrammen können wegen der vielen Ungewissheiten nicht getroffen werden. Auch wenn dies nicht das Ziel dieser Untersuchung war, entsteht bei der Auswertung der Erhebung der Eindruck, dass die Rentabilität der Traineeprogramme unter Kosten-Nutzen-Aspekten nicht im erhofften Maße nachvollziehbar ist. Der Grund für diese Situation liegt unter anderem darin, dass viele Unternehmen andere Indikatoren, wie die Beurteilungsgespräche mit den Trainees, als Erfolgsmaßstab angaben, anstatt ein umfassendes Bildungscontrolling durchzuführen. Die Unzulänglichkeiten im System können aber niemals gänzlich aufgedeckt werden, solange derartige Analysen nicht regelmäßig durchgeführt werden. Dass solche allerdings bestehen, konnte durch die vorliegende Befragung belegt werden, in der sich rausstellte, dass 24,14% der Unternehmen keine Zielvorgaben zu den einzelnen Einsatzbereichen formuliert haben und ebenso 33,3% der Befragten Firmen keine Stellenbeschreibung für Ihre Traineestelle konzipiert haben. Die wenig valide subjektive Beurteilung der Trainees während der Ausbildungszeit, wird von 82,76% Unternehmen als Maßstab für den Erfolg des Programms eingesetzt und führt dazu, dass im Durchschnitt 94,23% der Trainees übernommen werden. Diese hohe Übernahmequote weist natürlich auch auf ein erfolgreiches Programm hin. Doch ohne Zielvorgabe und entsprechende Stellenbeschreibung kann es objektiv gar nicht möglich sein, eine Beurteilung der Trainees vorzunehmen.

Aufgrund der eben beschriebenen Erkenntnisse besteht ein dringender Handlungsbedarf die Rentabilität der Traineeprogramme im Sinne der aufgeführten Kritikpunkte detailliert zu untersuchen. Nur so kann es möglich sein alle Kosten und den Nutzen der Programme, in monetären Größen ausgedrückt, zu betrachten.

Eine Möglichkeit Kosten zu reduzieren besteht darin, Schulungen oder Seminare der Traineegruppe so zu organisieren, dass andere Kollegen ebenfalls daran teilnehmen können. Dies setzt zwar einen größeren Organisationsaufwand voraus, bietet aber eine weitere Möglichkeit das soziale Netzwerk der Trainees zu erweitern. Der weitere Nebeneffekt besteht darin, ein Signal zu setzten, welches zeigt dass die Trainees keinen Status als „Kronprinzen" inne haben.

Die besondere Form des Berufseinstiegs bietet auch nicht automatisch die Garantie auf einen bestimmten Karriereweg im Unternehmen: „Die ‚Natur' der Karriere ist ihre selbsterzeugte Ungewissheit."[70]

Da nicht nur Trainees sondern auch alle anderen Potentialkandidaten innerbetriebliche Aufstiegsmöglichkeiten besitzen, stehen diese im Wettbewerb mit ihren Kollegen desselben Wissensgebietes. Die ehemaligen Trainees haben allerdings die Möglichkeit das vorhandene Netzwerk im Unternehmen zur Etablierung zu nutzen.

---

[70] Luhmann, N.: Organisation und Entscheidung, Wiesbaden, 2000, S. 106.

Karriereoptionen erhöhen die Bindung der Mitarbeiter an das Unternehmen. Dass eine erfolgreiche Laufbahn für keinen Mitarbeiter in einem Betrieb determiniert ist, stellt demnach einen nicht zu vernachlässigenden Motivationsfaktor für alle diejenigen, die nicht als Trainee im Unternehmen eingestiegen sind, dar. Es ist selbstredend, dass diese Offenheit der Möglichkeiten, einen wesentlich größeren Anteil der Belegschaft betrifft.

Eine Vermeidung von starren Laufbahnmustern bietet somit, durch die Entfesslung motivationaler Kräfte, eine „Win-Win-Situation" für die Mitarbeiter einerseits und den Erfolg eines Unternehmens andererseits.

Um eine Demotivation anderer potentieller Mitarbeiter zu vermeiden, ist es nach Meinung der Autorin nicht zweckmäßig ein Traineeprogramm als parallele Einstiegsposition zum Direkteinstieg für Hochschulabsolventen anzubieten.

Da sich Trainees nicht von den Direkteinsteigern, bezüglich ihrer Einarbeitungsbedürfnisse unterscheiden, bedarf es einer hinreichenden Legitimation einer solchen parallelen Existenz. Das Angebot eines Traineeprogramms ist nur dann sinnvoll, wenn dieses als Instrument zur Zielerreichung der Führungsnachwuchsrekrutierung herausgestellt wird. Eine eindeutige Etikettierung dieser Art, führt allerdings wiederum zu einem Karriereversprechen an die Programmteilnehmer und somit zum Argwohn von Direkteinsteigern. Dies kann eine mögliche Frühfluktuation dieser wichtigen Mitarbeitergruppe hervorrufen. Eine derartige Entwicklung ist fatal, denn der sogenannte „War-for-Talents" auf dem Arbeitsmarkt, wird in den nächsten Jahren noch weiter zunehmen.

Hinzu kommt, dass sich viele Unternehmen hin zu flacheren Organisationsstrukturen orientieren, und deshalb in Zukunft weniger Führungskräfte, dafür aber mehr Fachpersonal mit ausgeprägten Sozialkompetenzen benötigt werden wird. Gerade diese Gruppe gerät allerdings in den Schatten der Traineeprogrammteilnehmer und die Unternehmen laufen Gefahr dieses Humankapital zu verlieren.

Für Unternehmen ergibt sich daraus folgend die Handlungsempfehlung, den Hochschulabsolventen nur eine einheitliche Einstiegsform anzubieten, da eine solche Koexistenz eine paradoxe Grundstruktur inne hat.

Ein kürzeres aber dafür individuell ausgestaltetes Einarbeitungs- und Personalentwicklungsprogramm hingegen, würde den Bedürfnissen aller Neueinsteiger gerecht werden.

Die Ergebnisse der Auswertung haben, neben den offensichtlichen gewordenen Entwicklungen hin zu einer zunehmend Internationalen Ausrichtung, sowie einer verstärkten Projektorientierung, auch schon die zunehmende Individualisierung der Programme verdeutlichen können.

Trotz der bereits vorhandenen Tendenzen hin zu einer Individuellen Mitarbeitereinführung, vermutet die Autorin in den nächsten Jahren keinen Rückgang der Traineeprogrammangebote.

Durch Streichung der Traineeprogramme könnte das Image als attraktiver Arbeitgeber verloren gehen, was zu großen Reputationsverlusten der Unternehmen führen würde.

Anhang

• Anschreiben zur Befragung

Sehr geehrte Damen und Herren,

Traineeprogramme werden im deutschen Sprachraum als spezielle Ausbildungsgänge für Absolventen von Fachhochschulen oder Universitäten verstanden.
Diese unterscheiden sich jedoch bezüglich ihrer Zielsetzung und auch ihrer Struktur teilweise erheblich voneinander.

Im Rahmen meiner Bachelorarbeit bei Prof. Dr. Mudra an der Fachhochschule Ludwigshafen am Rhein, führe ich eine empirische Untersuchung durch die
sich mit dieser Problematik befasst.
Das Anliegen dieser Arbeit ist es daher eine aktuelle Begriffsbestimmung vorzunehmen.
Darüber hinaus soll, basierend auf diesen Befragungsergebnissen, ein Überblick zu folgenden Punkten geschaffen werden:

- Rekrutierungsprozess
- Programminhalte und -ergebnisse
- Erfolgsfaktoren und -hindernisse

Um das Ziel einer repräsentativen Stichprobe zu erreichen, wurden insgesamt 230 deutsche Unternehmen um ihre Beteiligung an dieser Erhebung gebeten.
Auch Sie möchte ich bitten, mir Auskünfte zu Ihrem Traineeprogramm zu geben.
Selbstverständlich werden alle Angaben absolut vertraulich behandelt und nur in anonymisierter Form verarbeitet.
Die Resultate dieser Untersuchung werde ich Ihnen als Dank für Ihre Teilnahme natürlich kostenlos zukommen lassen. Sie erhalten einen Benchmark darüber,
wie andere Unternehmen sich mit diesem Thema auseinandersetzen und welche aktuellen Trends sich abzeichnen. Die Ergebnisse sollen Sie darin unterstützen
Ihr eigenes Programm richtig bewerten und kritisch hinterfragen zu können um in Zukunft dessen Effizienz erhöhen und Bindungsfaktoren aufbauen zu können.

Die Beantwortung des Fragebogens nimmt 15 Minuten in Anspruch.
Um Ihnen zeitnah zu dieser Email Ergebnisse präsentieren zu können, bitte ich Sie den Erhebungsbogen innerhalb von vier Wochen mittels dem Internetlink
http://www.befrager.de/befragung.aspx?projekt=4910 zu bearbeiten.

Schon im Voraus möchte ich mich sehr herzlich für Ihre Unterstützung bedanken.
Durch Ihre Teilnahme tragen Sie einen sehr großen Teil zum Gelingen meiner Arbeit bei.

Mit freundlichen Grüßen

Jessica Saier

- **Adressatenverzeichnis**

Unternehmen
A.S.I. Finanz-Versicherungsmakler GmbH & Co. KG
abacon GmbH
ABB AG
Accenture
Akademie Deutscher Genossenschaften e.V.
Alcatel SEL AG
Allianz Group
Amazon.de GmbH
Arthur D. Little GmbH
arvato services
Asea Brown Boveri Aktiengesellschaft
AUDI AG
Bain & Company Germany
Banque Nationale de Paris S.A.
Barmenia Krankenversicherung a. G.
BASF Aktiengesellschaft
Bayer AG, Hochschulmarketing
Bayer Business Services GmbH
Bayerische Landesbank
BayWa AG
BDO Deutsche Warentreuhand Aktiengesellschaft
BearingPoint
Beiersdorf AG
Bertelsmann AG
Bitburger Braugruppe GmbH
BLG LOGISTICS GROUP AG & Co.KG
bmv Consulting
BMW Group
bonprix Handelsgesellschaft mbH
Booz Allen Hamilton
Bosch
Brose Fahrzeugteile GmbH & Co.
Bundesamt für Wehrtechnik und Beschaffung
Burda Services GmbH
Cargill GmbH
Carlsberg Deutschland
Celanese AG
Coca-Cola Erfrischungsgetränke AG
Commerzbank AG
Compass Group Deutschland GmbH
Continental AG
CSC Ploenzke AG
CTcon - Consulting & Training im Controlling GmbH
Dachser GmbH & Co. KG

Dachser GmbH & Co. KG
DaimlerChrysler AG
Datev eG
debitel AG
DE-Consult Deutsche Eisenbahn-Consulting GmbH
Degussa AG
DekaBank
DekaBank Deutsche Girozentrale
DELL Computer GmbH
Deloitte & Touche
Deloitte Consulting
Detecon
Deutsche Ärzte Finanz Beratungs- und Vermittlungs - AG
Deutsche Ärzteversicherung AG
Deutsche Bahn AG
Deutsche Börse AG
Deutsche Börse Group
Deutsche Fachjournalisten-Schule
Deutsche Genossenschafts- und Hypothekenbank
Deutsche Genossenschaftsbank AG
Deutsche Hypothekenbank Frankfurt-Hamburg AG
Deutsche Krankenversicherung AG
Deutsche Pfandbrief Bank AG
Deutsche Post AG
Deutsche Postbank AG
Deutsche Verkehrsbank AG
Diehl Stiftung & Co. KG
Dräger Medizintechnik GmbH
Dräger Werk AG
Dresdner Bank AG
Dykerhoff AG
Dynamit Nobel AG
DZ Bank AG
E.ON Energie AG
EAM Energie-Aktiengesellschaft
EnBW Energie Baden-Württemberg AG
Energie Baden-Württemberg AG
E-Plus Mobilfunk GmbH & Co.KG
Ernst & Young Deutsche Allgemeine Treuhand AG
Ernstings family
ESG Elektroniksystem- und Logistik- GmbH
ExPert
Extra Verbrauchermärkte Deutschland GmbH & Co. KG
FERCHAU Engenieering GmbH
Ford Bank

Franz Haniel & Cie. GmbH
Gealan Fenster-Systeme GmbH
GfK AG
Gothaer Finanzholding AG
Gothaer Konzern
Grey Global Group GmbH & Co. KG
Gruner + Jahr AG & Co. KG
Haarmann Hemmelrath
Hannover Rückversicherungs AG
Hannover Rückversicherungs-Aktiengesellschaft
Haribo GmbH & Co. KG
Harman/Becker
Helbling Management Consulting GmbH
Hella KGaA Hueck & Co.
Hellmann Worldwide Logistics
Hellmann Worldwide Logistics GmbH & Co. KG
Henkel KGaA
Heraeus Holding GmbH
HFH Hamburger Fernhochschule
HMS & CARAT - Gruppe
hobsons GmbH
Hochschule Mannheim
HOCHTIEF Aktiengesellschaft
Horváth & Partner GmbH
HPP Harnischfeger, Pietsch & Partner
IIR Deutschland
IKS Ingenieur Konstruktions Services GmbH
International School of Management
intra-Unternehmensberatung GmbH
IQPC Gesellschaft für ManagementKonferenzen mbH
IQPC International Quality & Productivity Center
IVM Automotive Holding GmbH & Co. KG
Karstadt Warenhaus GmbH
Kaufhof Warenhaus AG
Kaufland Dienstleistung GmbH & Co. KG
Kaufland Stiftung & Co. KG
KfW (Kreditanstalt für Wiederaufbau)
KfW bankengruppe (Export-/Projektfinanzierung)
KfW bankengruppe (Finazielle Zusammenarbeit m. Entwicklungsländern)
KiK Textilien und Non-Food GmbH
Klaus Resch Verlag KG
Knorr-Bremse AG
KPMG Deutsche Treuhand Gesellschaft AG
KUKA Schweisanlagen GmbH
Landesbank Baden-Württemberg

Landesbank Hessen-Thüringen
Lanxess
LEONI Kabel Holding GmbH & Co. KG
LEONI AG
LEONI Bordnetz-Systeme GmbH
Lurgi AG
Mahle GmbH
MAN Nutzfahrzeuge AG
Maschinenfabrik Reinhausen GmbH
Masterfoods GmbH
McKinsey & Company
MDL METRO Group Distribution Logistics GmbH & Co. KG
Media Saturn Systemzentrale GmbH
Metro Cash & Carry Deutschland GmbH & Co. KG
Metro Cash & Carry International GmbH
MICHELIN Reifenwerke KgaA
Miele & Cie. GmbH & Co. Personal
Miller Leasing Miete GmbH
MLP Finanzdienstleistungen AG
Monitor Company GmbH
Münchener Rückversicherungs-Gesellschaft AG
Nestlé Deutschland AG
Norddeutsche Landesbank
NORMA Lebensmittelfilialbetrieb GmbH & Co. KG
Novartis Consumer Health GmbH
Novartis Pharma GmbH
Oberste Baubehörde im Bayerischen Staatsministerium des Innern
OTTO-HENNING & COMPANY INTERNATIONAL STRATEGY CONSULTANTS GMBH
Panasonic Deutschland GmbH
Paul Hartmann AG
Peek & Cloppenburg KG
Peters, Schöneberger Partner
Peugeot Deutschland GmbH
Pfizer GmbH
Plus Warenhandelsgesellschaft mbH
Praktiker Bau- und Heimwerkermärkte AG
PricewaterhouseCoopers AG WPG
Quelle Aktiengesellschaft
R+V Versicherung Gruppe
Real SB-Warenhaus GmbH
Reckitt Benckiser Deutschland GmbH
REHAU AG & Co
Roland Berger Strategy Consultants
Rothenberger AG
Rücker AG

RWE AG
Salzgitter Flachstahl GmbH
SAP AG
Schaeffler Gruppe INA, FAG, LuK
Schott Glas
SEB AG
Semikron International GmbH
SEMPORA Consulting GmbH
Siemens Financial Services GmbH
Siemens Management Consulting
SimCorp GmbH
Solvay Deutschland GmbH
Sony Deutschland GmbH
Stadtwerke München GmbH
Steria Mummert Consulting AG
Stern Stewart & Co.
Südzucker AG
sueddeutsche.de jobcenter
Swiss Re Germany AG
syskoplan AG
Tchibo Frisch-Röst-Kaffee GmbH
Tchibo GmbH
Tengelmann Warenhandelsgesellschaft
Texas Instruments Deuschland GmbH
The Boston Consulting Group GmbH
The Lorenz Bahlsen Snack-World GmbH & Co. KG Germany
ThyssenKrupp AG
ThyssenKrupp Aufzugswerke GmbH
ThyssenKrupp Steel
ThyssenKrupp Technologies AG
Towers Perrin
TUI AG
TÜV Rheinland Group
Vattenfall Europe
Verlag für die Deutsche Wirtschaft AG
Verlagsgruppe Georg von Holtzbrinck GmbH
Victoria Versicherungen AG
Villeroy & Boch AG
Vodafone D2 GmbH
Volksbank Coaching
Volkswagen AG
Wacker-Chemie AG
Wella AG
Westinghouse Electric Germany GmbH
Witt-Gruppe

WTG Wirtschaftstreuhand KG Dr. Grüber & Co.	
Wüstenrot	
ZF Friedrichshafen AG	
ZF Sachs AG	
ZS Global Leader in Sales & Marketing Consulting	

- **Erinnerungsanschreiben**

Sehr geehrte Damen und Herren,

Bezug nehmend auf die an Sie versandte Email vom 30.12.2007, möchte ich Sie nochmals darum bitten sich an der nachstehend beschriebenen Erhebung zur Bachelorthesis
"Die Bedeutung von Traineeprogrammen für deutsche Unternehmen" zu beteiligen.

Falls Ihr Unternehmen zu Denjenigen gehört, die sich bereits an der Unternehmensbefragung beteiligt haben, dann möchte ich mich an dieser Stelle ganz herzlich für Ihre Unterstützung bedanken. Durch Ihre Teilnahme tragen Sie einen sehr großen Teil zum Gelingen meiner Arbeit bei.

Traineeprogramme werden im deutschen Sprachraum als spezielle Ausbildungsgänge für Absolventen von Fachhochschulen oder Universitäten verstanden.
Diese unterscheiden sich jedoch bezüglich ihrer Zielsetzung und auch ihrer Struktur teilweise erheblich voneinander.
Im Rahmen meiner Bachelorarbeit bei Prof. Dr. Mudra an der Fachhochschule Ludwigshafen am Rhein, führe ich eine empirische Untersuchung durch die sich mit dieser Problematik befasst.
Das Anliegen dieser Arbeit ist es daher eine aktuelle Begriffsbestimmung vorzunehmen.
Darüber hinaus soll, basierend auf diesen Befragungsergebnissen, ein Überblick zu folgenden Punkten geschaffen werden:

    Recruitmentprozess
    Programminhalte und -ergebnisse
    Erfolgsfaktoren und -hindernisse

Um das Ziel einer repräsentativen Stichprobe zu erreichen, wurden insgesamt 230 deutsche Unternehmen um ihre Beteiligung an dieser Erhebung gebeten.
Auch Sie möchte ich bitten, mir Auskünfte zu Ihrem Traineeprogramm zu geben. Selbstverständlich werden alle Angaben absolut vertraulich behandelt und nur in anonymisierter Form verarbeitet.
Die Resultate dieser Untersuchung werde ich Ihnen als Dank für Ihre Teilnahme natürlich kostenlos zukommen lassen. Sie erhalten einen Benchmark darüber, wie andere Unternehmen sich mit diesem Thema auseinandersetzen und welche aktuellen Trends sich abzeichnen. Die Ergebnisse sollen Sie darin unterstützen
Ihr eigenes Programm richtig bewerten und kritisch hinterfragen zu können um in Zukunft dessen Effizienz erhöhen und Bindungsfaktoren aufbauen zu können.

Die Beantwortung des Fragebogens nimmt 15 Minuten in Anspruch.
Um Ihnen zeitnah zu dieser Email Ergebnisse präsentieren zu können, bitte ich Sie den Erhebungsbogen innerhalb der nächsten zwei Wochen mittels dem Internetlink http://www.befrager.de/befragung.aspx?projekt=4910 zu bearbeiten.

Mit freundlichen Grüßen

Jessica Saier

- **Fragebogen**

Herzlich willkommen bei der Befragung zur Bedeutung von Traineeprogrammen in deutschen Unternehmen.

Bitte klicken Sie auf "weiter", um die Befragung zu starten!

Aus Vereinfachungsgründen wird nachstehend nur die männliche Form der Personenbezeichung verwendet, darin ist selbstverständlich auch das weibliche Geschlecht enthalten.

Bedeutung von Traineeprogrammen in deutschen Unternehmen

Unternehmensname:

Anzahl der Mitarbeiter
Bitte wählen Sie eine Kategorie aus der Auswahlliste.

| --- ▾ |

Unternehmensbranche:

○ Finanzdienstleister	○ Versicherung
○ Handel	○ Medien
○ Rechts-/ Wirtschaftsberatung	○ Touristik
○ IT-Dienstleistungen	○ Energie
○ Automobil	○ Chemie
○ Pharma	○ Nahrungsmittel
○ Logistik & Verkehr	
○ Sonstige Branche:	

Wieviele Trainees stellen Sie jährlich ein?

Wieviele Direkteinsteiger stellen Sie jährlich ein?

Es genügt die Angabe eines Schätzwertes falls Ihnen die exakte Anzahl der eingestellten Direkteinsteiger nicht bekannt sein sollte. Unter 'Direkteinsteiger' sind Hochschulabsolventen zu verstehen, die Ihren ersten Arbeitsplatz nach dem Studium antreten.

Welche der nachstehend genannten Recruitment - Aktivitäten führt Ihr Unternehmen durch zur Gewinnung von Trainees?
Mehrfachnennungen sind möglich

☐ Teilnahme an Bondingmessen

☐ Bereitstellung von Praktikanten-/Werkstudentplätzen

☐ Unterstützung von Diplom-/Bachelor-/Masterarbeiten

☐ Werbung auf der Unternehmenshomepage

☐ Distribution von Infomaterial/Aushänge

☐ Anzeigen in Hochschulmedien

☐ Förderkreise für Studenten

☐ Stipendien

☐ Lehraufträge an Hochschulen

☐ Firmenpräsentation an Hochschulen

☐ Sonstige Aktivitäten: _____

Welche Methoden der Bewerberauswahl werden zur Gewinnung von Trainees in Ihrem Hause genutzt?
Mehrfachnennungen sind möglich

☐ Beurteilung der Bewerbungsunterlagen

☐ Informelle Auswahlgespräche

☐ Assesment - Center

☐ befristete Probeanstellungen

☐ Externe Berater

☐ Sonstige Methoden: _____

Wie ist die Altershöchstgrenze für Trainees die Ihr Unternehmen einstellt?

_____

Wieviel Prozent Ihrer Trainees wurden aus dem Ausland rekrutiert?

Es genügt die Angabe eines Schätzwertes falls Ihnen der exakte Prozentwert nicht bekannt sein sollte.

_____

Wieviel Prozent der ausgewählten Bewerber erweisen sich nachträglich als doch nicht besonders geeignet?

Es genügt die Angabe eines Schätzwertes falls Ihnen der exakte Prozentwert nicht bekannt sein sollte.

_____

Wieviele Bewerbungen hat Ihr Unternehmen im Durchschnitt auf eine Trainee-Stelle?

Es genügt die Angabe eines Schätzwertes falls Ihnen der exakte Anzahl der eingegangenen Bewerbungen je Stellenausschreibung nicht bekannt sein sollte.

Wieviele Bewerbungen hat Ihr Unternehmen im Durchschnitt auf eine Direkteinsteigerstelle?

Es genügt die Angabe eines Schätzwertes falls Ihnen der exakte Anzahl der eingegangenen Bewerbungen je Stellenausschreibung nicht bekannt sein sollte.

Welche Studienfachrichtungen der Bewerber werden von Ihrem Unternehmen gesucht?

☐ Wirtschaftswissenschaften ☐ Wirtschaftsingenieurwesen

☐ Informatik/ Wirtschaftsinformatik ☐ Geistes-/Sozialwissenschaften

☐ Ingenieurwissenschaften ☐ Naturwissenschaften/ Mathematik

☐ Jura

☐ Sonstige Studienfächer: _____

Wie wichtig sind für Ihr Unternehmen die nachfolgend genannten Persönlichkeitsbezogenen Einstellungskriterien?

1 = sehr wichtig / 5 = gar nicht wichtig

	1	2	3	4	5
Flexibilität	○	○	○	○	○
Belastbarkeit	○	○	○	○	○
Leistungsbereitschaft/ Engangement	○	○	○	○	○
Unkonventionalität	○	○	○	○	○
Begeisterungsfähigkeit	○	○	○	○	○
Durchsetzungsvermögen	○	○	○	○	○
Eigeninitiative	○	○	○	○	○
Kommunikative/ Kooperative Fähigkeiten	○	○	○	○	○
Unternehmerisches Denken	○	○	○	○	○
Spontanität	○	○	○	○	○
Persönlichkeitsbild/ Auftreten	○	○	○	○	○
Altersgrenze	○	○	○	○	○
Führungspotential	○	○	○	○	○
Teamfähigkeit	○	○	○	○	○
Analytische/ konzeptionelle Fähigkeiten	○	○	○	○	○
Veränderungsbereitschaft	○	○	○	○	○

	1	2	3	4	5
Kreativität	○	○	○	○	○
Kunden-/Serviceorientierung	○	○	○	○	○
Internationalität	○	○	○	○	○
Soziale Kompetenz	○	○	○	○	○
Zielstrebigkeit	○	○	○	○	○

Wie wichtig sind für Ihr Unternehmen die nachfolgend genannten Studienbezogenen Einstellungskriterien?

1 = sehr wichtig / 5 = gar nicht wichtig

	1	2	3	4	5
kurze Studiendauer	○	○	○	○	○
Examensnote	○	○	○	○	○
Studienschwerpunkte/ Fächerkombination	○	○	○	○	○
Ranking der besuchten Hochschule	○	○	○	○	○

Wie wichtig sind Ihrem Unternehmen die nachfolgend genannten Zusatzqualifikationen der Bewerber?

1 = höchste Priotität / 9 = niedrigste Priorität

- [-- ▾] Auslandserfahrung
- [-- ▾] Außeruniversitäres Engagement
- [-- ▾] Berufsausbildung
- [-- ▾] Englischkenntnisse
- [-- ▾] weitere Sprachkenntnisse
- [-- ▾] PC-/ IT-Kenntnisse
- [-- ▾] Praktische Erfahrung/ Praktika
- [-- ▾] Fachliches Interesse
- [-- ▾] Betriebswirtschaftliche Kenntnisse

Existitiert in Ihrem Hause eine Stellenbeschreibung (Tätigkeits-/ Anforderungsprofil) zur Traineeposition?

○ ja　　　　　○ nein

Bedeutung von Traineeprogrammen in deutschen Unternehmen

Wieviele Jahre existiert ein Traineeprogramm bereits in Ihrem Hause

Wieviele Absolventen haben bereits Ihr Traineeprogramm

durchlaufen?

Ist der zeitliche Ablauf und die Dauer der Ausbildungsbausteine
Ihres Traineeprogramms festgelegt?

⊙ ja   ⊙ nein

Unterliegt die Programmgestaltung in Ihrem Unternehmen einem
festen Ablauf der Ausbildungsstationen?

⊙ ja   ⊙ nein

Orientiert sich die Programmgestaltung in Ihrem Hause an den
Fähigkeiten der Trainees?

⊙ ja   ⊙ nein

Wie lange ist die Dauer Ihres Traineeprogramms?

Angabe in Monaten

Gibt es einen festen Starttermin für Ihr Programm?

⊙ ja   ⊙ nein

Wurde in Ihrem Unternehmen die Dauer des Programms schon
einmal verändert?

⊙ Ja, die Dauer wurde schon verkürzt.

⊙ Ja, die Dauer wurde schon verlängert.

⊙ Ja, die Dauer wurde schon verlängert und auch schon verkürzt.

⊙ Nein, die Dauer wurde bisher nicht verändert.

Wer ist für die Durchführung/ Organisation der Traineeausbildung
verantwortlich?

Mehrfachnennungen möglich

☐ Geschäftsleitung

☐ Personalabteilung

☐ Hauptberuflicher Traineeprogrammbeauftragter

☐ Sonstige Person: _____

Wem untersteht die Kostenplanung für das Programm?

Mehrfachnennungen möglich

☐ Geschäftsleitung
☐ Personalabteilung
☐ Hauptberuflicher Traineebeauftragter
☐ Es existiert keine Kostenplanung
☐ Sonstiger Verantwortlicher: _____

Wer ist für die Betreuung der Trainees verantwortlich?
Mehrfachnennungen möglich

☐ Mentor aus einer Fachabteilung
☐ Mentor aus der Führungsebene
☐ Leiter der jeweiligen Einsatzabteilung
☐ Personalabteilung
☐ Es gibt keinen Betreuungsverantwortlichen
☐ Sonstiger Verantwortlicher: _____

Wie ist die Dauer des Arbeitsverhältnisses Ihrer Trainees vertraglich vereinbart?

○ Auf die Dauer des Trainingsprogramms befristet
○ Unbefristet
○ Variiert je nach Trainee
○ Sonstige Vertragsdauer: _____

Varriert das Gehalt Ihrer Trainees je nach Hochschulabschluss bzw. Qualifikation?

○ ja   ○ nein

Wie hoch ist das Jahresgehalt eines Trainees in Ihrem Hause?

Handelt es sich bei dem zuvor genannten Jahresgehalt der Trainees um eine exakte oder durchschittliche Angabe?

○ exakte Gehaltsangabe   ○ durchschnittliche Gehaltsangabe

Bedeutung von Traineeprogrammen in deutschen Unternehmen

Wie würden Sie Ihr Programm klassifizieren?

C Standardisiertes ressortübergreifendes Programm: Die Inhalte und Trainingsmaßnahmen sowie das durchlaufen bestimmter Abteilung bzw. Bereich sind für jeden Trainee gleich unabhängig vom späteren Einsatzgebiet.

C Standardisiertes ressortübergreifendes Programm mit einer Spezialisierungsphase: Die Grundausbildung ist identisch für alle Trainees. Anschließend erfolgt eine Fachausbildungsphase in Abhängigkeit es späteren Einsatzgebietes.

C Ressortbegrenztes Programm mit einer Spezialisierungsphase: Jeder Trainee erfährt eine Bereichsgebundene Grundausbildung (z.B. im Personalwesen). Die anschließende Vertiefungsphase erfolgt im zukünftigen Aufgabenbereich des Trainees.

Falls Ihr Unternehmen ressortbegrenzt ausbildet, in welchen Bereichen werden die Traineeprogramme angeboten?

Mehrfachnennungen möglich

☐ Personal   ☐ Vertrieb

☐ Einkauf   ☐ Forschung & Entwicklung

☐ Verwaltung   ☐ Controlling

☐ Logistik   ☐ Produktion

☐ Marketing   ☐ Konstruktion

☐ Sonstige Unternehmensbereich: _____

Welcher der nachstehend genannten Instrumente sind Bestandteile der Ausbildung Ihrer Trainees?

Mehrfachnennung möglich

	Ist nicht Teil des Programms	Einmal während des Programms	Mehr als einmal während des Programms
Auslandseinsatz	C	C	C
Einsatz in Zweigniederlassungen	C	C	C
Treffen mit der Geschäftsleitung/Bereichsleitern	C	C	C
Verhaltenstraining	C	C	C
Potentialanalyse	C	C	C
Coaching	C	C	C
Produktspezifische Schulungen	C	C	C
Präsentations-/ Moderationsseminare	C	C	C
EDV-Schulungen	C	C	C
Projekte innerhalb der Traineegruppe	C	C	C
Projektmitarbeit (Tätigkeits-/ Bereichsbezogen)	C	C	C
Beurteilungsgespräch je Ausbildungsabschnitt	C	C	C
Tätigkeit in späterer Einstiegsposition	C	C	C
Treffen der Traineegruppe/ Stammtisch	C	C	C
Gruppenbildungsworkshop zum			

Programmstart	⊂	⊂	⊂
Plannspiele/ Fallstudien	⊂	⊂	⊂
Treffen mit betreuendem Mentor	⊂	⊂	⊂
Zielvorgaben zu jedem Einsatzbereich	⊂	⊂	⊂
Selbstlernmodule/ Business TV	⊂	⊂	⊂

Bedeutung von Traineeprogrammen in deutschen Unternehmen

Wieviel Prozent der ausgebildeten Trainees werden nach Ende des Programms erfahrungsgemäß übernommen?

Es genügt die Angabe eines Schätzwertes falls Ihnen der exakte Prozentwert nicht bekannt sein sollte.

Welche Zielposition ist für die Trainees in Ihrem Unternehmen nach der Absolvierung des Programms vorgesehen?

Mehrfachnennung möglich

☐ Qualifizierte Sachbearbeitung

☐ Anspruchsvolle Fachaufgabe

☐ Führungsposition

☐ Zielposition ist unbestimmt

☐ Sonstige Position:

Wie hoch ist der durchschnittliche Startverdienst eines Absolventen Ihres Traineeprogramms nach seiner Übernahme in Ihrem Hause?

Bruttojahresgehalt

Werden die Trainees Ihres Unternehmens nach Beendigung des Programms in einem Nachwuchsförderungsprogramm oder ähnlichem weiter betreut?

⊂ ja

⊂ nein

Wie würden Sie die Wichtigkeit der nachstehend aufgeführten Ziele für die Durchführung des Traineeprogramms in Ihrem Hause prozentual einstufen?

Bitte verteilen Sie insgesamt 100 Prozent auf die fünf nachstehend genannten Kriterien. Minimum sind 0 Prozent und maximum sind 100 Prozent für ein Kriterium.

100

0	Steigerung des Unternehmensimage/ Personalmarketingaspekte
0	Deckung des Bedarts an Führungskräftenachwuchs
0	Unternehmens-/ Positionsgezielte Einarbeitung von Hochschulabsolventen
0	Soziale Integration der Trainees in das Betriebliche Umfeld (Networking)
0	Potentialeinschätzung der Trainees

Wie wird in Ihrem Unternehmen der Erfolg des Traineeprogramms gemessen?

Mehrfachnennungen möglich

☐ Subjektive Zufriedenheit

☐ Mitarbeiterbefragung

☐ Kosten-Nutzen-/ Kosten-Erfolg-Rechnung

☐ Positionen von ehemaligen Trainees im Unternehmen

☐ Beurteilungen der Trainees während der Ausbildungszeit

☐ Fluktuationsquote ehemaliger Trainees

☐ Sonstige Maßstäbe: _____

Wie erfolgreich schätzen Sie persönlich das Traineeprogramm Ihres Unternehmens ein?

überaus erfolgreich   ○   ○   ○   ○   ○   überhaupt nicht erfolgreich

Wie beurteilen Sie die nachstehenden Aussagen?

"Ein Absolvent eines Traineeprogramms hat einen Karrierevorteil gegenüber einem Direkteinsteiger."

trifft voll zu   ○   ○   ○   ○   ○   trifft überhaupt nicht zu

"Die Dauer eines Traineeprogramms wird sich in Zukunft verkürzen."

trifft voll zu   ○   ○   ○   ○   ○   trifft überhaupt nicht zu

"Trainees haben unrealistisch hohe Erwartungen an ihre mittelfristige Karriereentwicklung."

trifft voll zu   ○   ○   ○   ○   ○   trifft überhaupt nicht zu

"Direkt-/ und Quereinsteiger fühlen sich häufig gegenüber den 'Premium-Einsteigern' zurückgesetzt."

trifft voll zu   ⌀   ⌀   ⌀   ⌀   ⌀   **trifft überhaupt nicht zu**

Vielen Dank für Ihre Teilnahme! Die Resultate werde ich Ihnen nach der Auswertung zukommen lassen.

Um zum Fragebogen zurückzukehren, klicken Sie bitte auf *"zurück"*.

Um die Befragung endgültig abzuschließen, klicken Sie bitte auf *"Abschließen, Antworten speichern"*. Ihre Antworten werden dann in der Datenbank gespeichert.

Wenn Sie nicht möchten, dass Ihre Antworten gespeichert werden, klicken Sie bitte auf *"Abschließen, Antworten verwerfen"*. Damit beenden Sie die Befragung, Ihre Daten werden nicht gespeichert

zurück |

Literaturverzeichnis

Arnold, Andreas (1999: Ausbildungsprogramme und Trainee-Programme für Universitäts- und Fachhochschulabsolventen der Wirtschaftswissenschaften in Deutschland, Konzeptionelle Grundlagen, Erhebung und Analyse empirischeer Ergebnisse, Längsschnittanalyse, Lizentiatsarbeit, Universität Bern, 1999

Becker, Manfred (2002): Personalentwicklung, Bildung, Förderung und Organisationsentwicklung in Theorie und Praxis, 3., überarbeitete und erweiterte Auflage, Stuttgart, 2002

Becker, Michael (1993): Personalentwicklung. Die personalwirtschaftliche Herausforderung. Bad Homburg v. d. H., 1993

Böck, Ruth: Traineeprogramme für Hochschulabsolventen, http://www.personet.de/PDF-Texte/Traineeprogramm.pdf, 26.12.2007, 14:25 Uhr

Clever, Gustav/ **Böck**, Ruth (2001): Mittelständer setzt Traineeprogramme ein, in: Personalwirtschaft – Magazin für Human Resources, Heft 2001, Köln, 2001

Faulstich, Peter (1998): Strategien der betrieblichen Weiterbildung, München, 1998

Ferring, Katrin/ **Staufenbiel**, Jörg (1993): Trainee-Programme. In: Handbuch Personalmarketing, hrsg. v. Hans Strutz, 2.Auflage, Wiesbaden, 1993

Gulden, Henning (1996): Evaluation von Traineeprogrammen als Alternative zur klassichen Form des Berufseinstiegs, Betrachtung aus Firmen- und Studentensicht, Mering, 1996

Haasen, Nele (2001): Mentoring, Persönliche Karriereförderung als Erfolgskonzept, München, 2001

Huf, Stefan: Berufseinstieg mit Karrieregarantie, http://www1.dgfp.com/dgfp/data/pages/DGFP_e.V/Produkte_-_Dienstleistungen/Zeitschrift_Personalfuehrung/Jahrgang_2004/Ausgabe_8_0 4/FB1_8_04.php, 12.11.2007, 14:30 Uhr

Institut für Organisation und Personal der Universität Bern und Staufenbiel Institut für Studien und Berufsplanung GmbH (2001): Zusammenfassung der Erhebung über Ausbildungs- und Traineeprogramme für Wirtschaftswissenschaftler, Köln, 2001

Kienbaum, Jochen (2006): Anforderungen an die Leistungsträger von morgen. In: Von der betrieblichen Weiterbildung zur strategischen Personalentwicklung, hrsg. v. Frederic Fredersdorf, Düsseldorf, 2006

Kornbichler, Hendrick / **Löw**, Hans-Peter / **Ohmann-Sauer**, Ingrid / **Schwarz**, Eckard / **Ubber**, Thomas / **Witzel**, Michael (2005): Beck'sches Formularbuch Arbeitsrecht, München, 2005

Kromrey, Helmut (2002): Empirische Sozialforschung, Modelle und Methoden der standardisierten Datenerhebung und Datenauswertung, 10. vollständig überarbeite Auflage, Opladen, 2002

Kühngrün, Katja (2002): Integration und Einarbeitung von Mitarbeitern am Beispiel Trainee-Programm, Praxisbeispiele, Unternehmensziele, Zielerreichung und Ausblick, Wissenschaftliche Hausarbeit zur Erlangung des akademischen Grades einer Diplompädagogin, Universität Hamburg, 2002

Luhmann, Niklas (2000): Organisation und Entscheidung, Wiesbaden, 2000

Manke, Thomas (2006): Ade AC!/ Personalauswahl. In: Managerseminare/ Das Weiterbildungsmagazin, Heft 95, Bonn, 2006

Meyer-Riedt, Thorsten (1993): Trainee-Programme für Nachwuchskräfte mit Hochschulabschluss und Sonderausbildungsprogramme für Abiturienten, Köln, 1993

MLP Finanzdienstleistungen AG (2007): MLP Traineereport 2007, Leimen- St. Ilgen, 2007

Mudra, Peter (2004): Personalentwicklung. Integrative Gestaltung betrieblicher Lern- und Veränderungsprozesse, München, 2004

Oechsler, Walter (2006): Personal und Arbeit, Grundlagen des Human Resource Management und der Arbeitgeber-Arbeitnehmer-Beziehung, 8., grundlegend überarbeitete Auflage, München, 2006

Schaub, Günter / **Koch,** Ulrich / **Linck,** Rüdiger (2005): Arbeitsrechts- Handbuch, Systemische Darstellung und Nachschlagewerk für die Praxis, 11., neu bearbeitete Auflage, München, 2005

Scholz, Christian (2000): Personalmanagement: informationsorientierte und verhaltenstheoretische Grundlagen, 5.neubearb. und erw. Aufl., München, 2000

Schuler, Heinz (2001): Lehrbuch der Personalpsychologie, Göttingen, Bern, Toronto, Seattle, 2001

Staufenbiel Institut für Studien- und Berufsplanung GmbH:
http.//www.staufenbiel.de/index.php?id=2067, 12.11.2007, 14:16 Uhr

Thielking, Melanie: Viel mehr als eine ausgedehnte Betriebsbesichtigung.
http://berufsstart.de/karrieretips/beitraege/text_trainee.html, 12.11.2007, 14:20 Uhr

Thom, Norbert / **Friedli,** Vera / **Kuonen,** Daniela (2002): Trainee-Programme nach dem Wirtschaftsstudium, Eine empirische Studie in Deutschland, Arbeitsbericht Nr. 54, Universität Bern, 2002